学級づくりの深層

多賀一郎・堀 裕嗣 著

黎明書房

まえがき

北海道の公立中学校教師堀裕嗣と、関西の私立小学校教師多賀一郎とのコラボ、『国語科授業づくりの深層』に続く「深層」シリーズの第二弾ができました。

『国語科』では、国語の少し深いところを掘り下げようというコンセプトでしたが、今回は、学級づくりという視点でお互いに主張し合うということになりました。

『国語科』では、小学校と中学校の文学教材のとらえ方の違いがクローズアップされたように、今回も、さまざまなポイントでの違いとつながりが表に出てきました。

小学校と中学校との「子ども」の違い、そこからくる教師の構え方の違いも、少しはっきりできたのではないかと思っています。

どこから書き始めようかと考えて、我々がまず取り上げたのは「次年度に崩れる」というテーマでした。小学校では以前から強く感じていたし、仲間たちと話しているときにもよく出てきていたテーマではあります。それがいみじくも、堀さんも中学において同じことを感じていたようです。その崩れた学年の先生だけの責任ではないということは、重要な視点だと思っています。

「同調圧力（ピア・プレッシャー）」は、どうしても取り上げたいテーマでした。ただ、小学校では一年生の最初から存在していることではないので、学年によっての違いというものを改めて意識しました。その意識は、今回の交流の中で特に強くなったように思います。

「学年づくり」というテーマでも語りました。これは、単に中学校と小学校との違いということではありません。これまで小学校教師は、自分がスーパーティーチャーになれば良いという発想が中心でした。しかし、小学校教師も、もはやチームとしての学年のあり方を考えなければならない時期に来ているということなのです。

「語れない失敗」は、なかなか他の本では見られないテーマだと思います。若い先生にはぜひとも読んでほしいところで、失敗談を滔々と語っているというような下世話なものでは絶対にありません。

堀さんと交流していると、

「堀さんがそこまで言うなら、僕もここまで言ってしまおうかな。」

と、いつもの僕よりも少々踏み込んだことまで書いてしまいます。さらに学級の話になると、『国語科』のときよりも危険水域まで書いてしまったような気がしています。書いたから「まっ、いいか」という感覚で出版してしまいました。

対談の途中では、堀さんから説得されているような気がしていたのですが、文章として振り返ると、ちゃんとした対等の対話になっているから不思議です。笑笑。

僕らはなんにも予備知識や準備もなしにただ対談しているだけでも、お互いに物語を紡ぐように語っていっている、そんな感じを強く受けました。

それでいて、僕らは二人ともわがままなので、自分の主張というものをとことん追及しているのであって、相手の考えになびこうということは微塵もありません。これこそが本来の「生産的対話」だと自画自賛しています。

僕らの、学校・学年・学級への考え方と提言を受け取ってください。そして、僕らと教育について議論していきましょう。多様な考えとの対話からさまざまなものが生まれてくるのだと思います。そのためのきっかけとなる本になると、自信を持ってお届けします。


虫の声を聴き、秋味をたしなみつつ　パソコンに向かいて

多賀一郎

目次

第一章　対談　学級づくりの深層

一　危機管理と学校

多賀　堀さんの原稿にも出てきた「いじめ」の話からいきませんか。岩手県矢巾町のいじめ事件について、僕らは最初、堀さんのフェイスブック上で石川晋さんらもまじえて話しましたよね。危うさを感じて堀さんが消してしまったけど……。笑。まだその事件についての情報が十分でなかったときでした。あの頃、少ない情報から、教師側に立つ人間と尾木ママのように女性教師を徹底的に糾弾した人間がいました。

僕は未だにどちらの側にも立たないけれど、あのときに出てきた「文脈」という言葉は大事だと思うんです。いじめにしてもそのほかの問題にしても、全て文脈というもので考えないといけないのに、マスコミと評論家はもちろんのこと、教師でさえもあのとき、女性教師と亡くなった子どもとの「文脈」を見ようとしませんでした。文脈を想像するという意識に欠けている人って、あまりにも多くないですか。教師と子どもとの関係は全て文脈で成り立っていると言っても過言ではないと思っています。文脈をぬきにして言葉の意味そのものだけで解釈すると、おかしなことになってしまいますよね。人は関係性によって言動の意味がかわるけど、その関係性は「文脈」から読み取れるものでしょう。

もう一つ、これは話としてはハードになるから不採用になってもいいのですが、ああいういじめ自殺問題が起きたときに、いつも思うことがあります。それは、マスコミによる攻撃は仕方ないんだけれども、いつも決まり切った言葉として

「どうしていじめが分からなかったんですか。」

ということを言われます。まあ、今回の岩手県の場合はアンケートを後回しにしたとか、アンケートで出てきていたことが共有できなかったというシステムの瑕疵《かし》があったから追及されても仕方ないのですが、ああいうときにですね、

「分からないものは分からないんだ。中学生のいじめなんて、そんなに簡単に分かるもんじゃないんだぞ。君らやってみろってんだ。」

と、どうせ攻撃されるのなら、開き直って校長が言ってくれないかなあと。笑笑。

思春期の子どもたちのいじめが教師に必ずつかめると思っていること自体が、幻想じゃないですか。堀さんや僕らはたぶんいじめは見つけるかも知れないけれど、普通は無理でしょう。

堀　僕は今回の矢巾の件は、担任が一人で抱えないとか、学年主任・管理職に報告しなければならないとかが問題になっていますけれども、さて、報告があったとしたらどういう対応を取っていたのだろう、具体策を矢巾町教委や岩手県教委はもっていたのだろうかということがとても気になるんですよね。もちろん、こうした事案はケース・バイ・ケースですから、対応マニュアルみたいなもので規定通りの対応とはならないとは思いますが……。正直、あの校長なら町教委に報告して判断を仰ぎながら、保護者や関係機関、医療機関に丸投げになるのではな

いかなと感じます。もしかしたら、報告があったとしても、学級担任によく観察しろとか家庭訪問を繰り返せとか、組織的な対応にはならなかった可能性さえあるのではないか、あの、あまりにも杜撰な学校の対応を見ていると、そういう可能性さえあったような気がしています。前者なら校長はただの伝書鳩で、いったい校長とは何なのかという話になりますし、後者ならもしかしたら結果は同じだったもしれない。いずれにしても、自殺志願の生徒が出てきたときには、学校や教委はその子の命の問題以上に、自分が責任を問われかねないという責任の所在の問題がまず最初に頭をよぎり、アリバイづくりをするほうに発想が向かいますね。それは「予兆が捉えられなかったのか」というこれまでのマスコミの批判の在り方も要因の一端でしょうし、この手の問題への対応が日に日に、そして刻一刻と状況が変わっていく、非常に対応の難しい問題であるということも構造的な問題になっているとは思います。

多賀　「葬式ごっこ」（一九八六年）のときも、大津の事件のときも、結局、その構造は変わらないままですね。前者のように教師がいじめに加担していた場合は論外ですが、子どもの自殺について、果たして教師に責任があるのかという根本的な話にはなりません。「教師には自殺の責任がある」ことは大前提の不文律。果たして、そうなんでしょうか。家庭の問題があまりにも重要視されなさすぎます。こういうことを学校や教師側からは、言いにくいですが。

堀　ああ。そういう意味ですか。それは、僕は少なくともいじめが原因の自殺である場合には、学校に第一義的な責任があると思っています。まず、この国では保護者は自分の子どもを通わせる学校を選べないシステムになっています。選ぶためにはかなり大きな経済的な裏付けが必要です。しかもそれも都市部に限られていて、地方に行くと経済的な余裕がある場合にさえ選択できる私学がありません。ですから、学校に行かなければいじめに遭わなかったということになります。次に、多くのいじめが学校内部の人間関係によって起こっているという事実が挙げられます。いじめの現場は確かに教育課程内の時間でもなく校舎内でもないかもしれません。でも、現場が放課後の公園であろうと休日の街なかであろうと真夜中のＬＩＮＥ上であろうと、そのいじめが学校内の人間関係間で行われている限り、その一義的な要因は学校にあります。そもそも学校には子どもたちの生命・健康を保障する、肉体的にはもちろん精神的にも子どもたちの安全を保障するという義務があります。学校がこの義務を果たすことを怠るとしたら、またその責任を回避しようとするとしたら、保護者は学校に通わすこと自体に疑問を抱かざるを得ない状況に追い込まれるでしょう。地域の有職少年に暴力を振るわれたとか金をせびられたとかいうのではない限り、やはり第一義的な責任は学校にあるのではないでしょうか。

多賀　それはそうだと思うけど、責任って本来は家庭にもあるって、僕は絶対的に思っているんです、しつこいようだけど……。学校の責任逃れととらえてほしくないんだけど、冷静な議論はできないものなんでしょうね。もっとも、これまでことごとく対応のまずい管理職が会見開いて、聞いている者に反感を持たせてしまったという経過も、よくない要素だと思います。

堀　僕も常に「なぜ、予兆を捉えられなかったのか」と学校を責めるマスコミの姿勢は問題だとは思います。かつて、佐世保で小六女児が給食準備時間に同級生を刺殺したという事件がありましたが、あのときも各社の社説が学校はなぜ予兆を捉えられなかったのかと論じて憤慨したことがあります。小六の女の子が同級生を刺殺する予兆っていったいどんな予兆なんだろう……、僕には想像もつかないって。でも、保護者に対しては「なぜ予兆が捉えられなかったのか」という言い方はしない。確かに学校側よりは、一緒に暮らしている親のほうが子どもの微妙な変化はわかるだろうという論理が成り立つ。子どもの自殺なら尚更です。我が子の自殺の予兆なら、学校よりも絶対的に親のほうが捉えられるはずでしょう。でもね、自殺した子の親や殺人を犯した子の親にそういう攻め方をするのは酷ですよ。学校が責められるのが一番落としどころとしては良いんじゃないかなあ……と僕なんかは感じますけどね。

多賀　そこは堀さんの優しさですね。（きっと、この言い方は嫌がるでしょうが）落としどころは学校責めという発想はありでしょう。予兆についてですが、「どうして分からなかったのですか？」というような追求をするマスコミには腹が立ちます。自殺の予兆というものは、確かに専門家から見れば分かるだろうけれども、一教師や学校に分かるはずがありません。会見している校長が切り返して「自殺の予兆って、どういうことでしょうか」と、言ったらいいのになと思ってみています。

少し視点が変わりますが、堀さんは「いじめアンケート」については、どう思っていますか。これもアリバイづくりになっていませんか？

堀　「いじめアンケート」については、やらないよりはやったほうが良いということですね。「アリバイづくり」になっているからダメ、ということにはならないでしょうね。アリバイづくりから始まったことでも、一万人に一人でもそこから子どもの訴えを掬い取れて、実効的な対応ができたとすれば、それはやるに値するということになるのではないでしょうか。現在、「いじめアンケート」を取れば、各学級に何人かは「いじめられている」と訴えたり、「だれかがいじめられているのを目撃した」という情報が上がってきたりします。そうしたことがあれば、間違いなく教師が面談をする体制が敷かれているわけですから、少なくとも教師と子どもの面談の機会は増えるわけですよね。事務的な仕事量としても許容範囲内です。この程度のことはやってもいいんじゃないでしょうか（笑）。

多賀　ベストではないが許容範囲ということですね。僕はアンケートというものに対して、少しアレルギーがあるので、抵抗があるんです。アンケートで実態なんて決して分からないということにこだわりすぎています。「やるに値する」と言えば、そうかもしれません。小学校教師は、どこか自分一人の力でつかんでしまおう、そのほうが絶対に確かだ、というような思い上がりに近いものがあるんだなと改めて思います。

堀　ベストかベターかとか、許容範囲かそうでないかということよりも、いかに「いじめ情報の収集」「いじめ発見」のチャンネルを増やすか、という問題だと思うんですよね。それはどう考えてもできるだけ多いに越したことはない。僕は担任の目とか、担任の力量とかいったものは、自分の眼や力量も含めてまったく信じていません。僕らは神じゃない。そんなことわかるわけない。僕らが思いつく限りのチャンネルを可能な限り張り巡らす、それは僕らの当然の責務だと考えていますね。なんか、言ってることが行政みたいですか？（笑）

多賀　確かに。笑笑。チャンネルを増やすことは、必要です。なんか堀さんに説得されてるような気がしてきました。

堀　（笑）。教育ってのは、教育する側にとっても教育される側にとっても、人間の能力を信用するというか、人間の営みを信頼するということが前提になります。それはもっともなんです。人間に対する信用とか信頼とかがなければ教育という営み自体が成立し得ない。その意味では、教育において人間への信頼は前提です。しかし、いじめってのは教育じゃないんです。危機管理なんです。ただ現場が教育現場なだけです。危機管理に一番大切なのは、人間を信用しないシステムを敷くことです。どんな人間にもミスがある、見落としがある、思い込みがある、「このくらいいいか」という甘えがある、そういう前提に立ってつくるのが危機管理の体制ですよね。危機管理には、教育の論理、教師の論理を持ち込んではいけない。僕が言っているのはそういうことです。

多賀　僕は、その教師の論理からなかなか抜け出せないんですね。「いじめは教育じゃなく、危機管理」。それはいいんだけど、この「いじめ」の定義が曖昧だから、危機管理にならないことがあるんじゃないかと思うんです。

堀　「いじめ」の多くは大人がやると犯罪であることが多いですよね。だから加害者になんらかの制裁を加えることを考える場合なら、「いじめ」の定義ってのはとても大切になります。でも、いじめが危機管理という場合には、被害者の精神・肉体をどう守るか、どう救うか、そしてそのために被害者の気持ちをどう掬うかって話ですから、あんまり定義云々のことは僕は気にならないかな……。

多賀　それはそうなんだけど、小学校で問題になるのは、意地悪といじめの境目なんです。「本人がいじめだと思ったらいじめだ」という説もあるけれども、小学校の低学年なんて、あかんべされただけで「いじめだ」って言うんですよ。笑笑。

堀　ある子があかんべえされたときに「いじめ」だと叫ぶ。でも、言われた側はそれほど深刻に捉えているわけではない。そういう場合には、学校教育の一般的な生活指導の問題になります。いじめと認定して対応する場合もあるでしょうし、「いじめだ」と訴えた側にも非があって喧嘩両成敗にする場合もあるでしょう。いずれにしてもそれは危機管理の問題にはなりません。教師が人間として、人間を信頼し、人間が信頼に足るものだという方向で指導すればいい。でも、その子があかんべえをされたときに「いじめ」と言おうが言うまいが、それを深刻に捉え、不登校に陥ったり自殺を考えたりするということになると一気に危機管理の問題になります。その場合には、その子から一瞬たりとも目を離せなくなります。担任一人でやっていてはトイレに行くことさえできなくなります。そこでは職員室全体で情報を共有し、常に二人体制でその子の周りに張りつくことが必要になります。もちろんこうした監視はさりげなくやるんですよ（笑）。朝は保護者から直接引き取り、放課後は保護者に直接引き渡します。少なくとも中学校ではそうします。多賀さんが言っている「いじめ」は僕の言う「危機管理」の範疇外なんじゃないでしょうか。

多賀　そうだと思います。僕も危機管理については堀さんと同じ意見です。ただ、小学校って、ほとんど自殺案件にまではいきません。その代わり、子どもの心の奥底に残って、子どもの人生に暗い影を落とすことがあります。

堀　それは危機管理の問題でしょうね。

多賀　危機管理にも種類があって、予防のための危機管理と、問題が起こってからの危機管理とがあると思うんです。矢巾の場合は、どちらもアウトだと思います。いじめに対する危機管理システムが形骸化していたことと、事件の後の対応のまずさとがはっきりしています。特に後者は、デジャブのように同じことを繰り返してるじゃないですか。どうしてそうなるのかというと、学校の構造的な問題なんでしょうね。

堀　というと？

多賀　例えば子どもの自殺が起こったときに、最初の校長の会見で「まだよく分かりません」とは言えないでしょう。矢巾の校長は「可能性があると見て調査する」と言いましたが、自殺が起きたら瞬時に「いじめが原因だ」なんて分かるはずがない。なのに、ゼロベースで調査することのできないという構造がありますよね。本来は「まだ分からない」というのが本音なのに、記者会見の段階でいじめが原因だという流れができてしまうでしょ。また、堀さんの言う学校としてのアイデンティティが、子どもが自殺した責任を全て学校が負わなければならないという構造もあります。要するに、本当のことなんて言えない状況において会見を繰り返さなければならないし、いじめは大したことなかったという答えは決して出せないということです。もう一つあります。学校というところはさまざまな人間や家庭のプライバシーに関わっているので、基本的に秘密主義なところがあるということです。よく学校を秘密主義のはびこるところとして否定的に言われますが、秘密を守ることが重要視される場所であるというのも、構造的なことでしょ。

堀　多賀さんが言っていることは、事後の危機管理ですよね。事後の危機管理は正直、学校としては教委のつくったマニュアルに従って、教委と細かく連携を取りながらやる以外にないというのが実情でしょう。起こってしまったら、もうその学校だけの問題だけではすみません。現実的には一つ一つの判断を校長が行うなどということは不可能なくらいに大きな問題になってしまう。裁判になれば地方公共団体が責任を負うことになるわけですから。事後の危機管理は既に、いじめ問題ではなくなっているというのがほんとうのところなのではないでしょうか。それがマスコミ対策になり、責任回避になるのは学校だけの問題ではありません。すべての組織がそういう対応を取りますよね。各教委は子どもが自殺した場合の事後の危機管理マニュアルはかなり細かくつくっています。僕が言っているのは、多賀さんの言葉で言えば、予防の危機管理ですね。しかもそれも、本音を言うと、あくまで自殺の予防です。いじめを予防するなんてできない。減らすことはできる。被害を小さくすることもできる。でも、なくすことは絶対に無理です。いじめは存在することを前提にシステムを構築しなければならない。記者会見で「あってはならないことが起こった」という言葉を聞く度に反吐《へど》が出るような思いがします。

それから、もう一つ、多賀さんは矢巾の危機管理システムが「形骸化」していたと言いましたが、僕の見立ては違います。あの学校には、真剣に考えての危機管理システムがなかったのだと思います。危機管理システムについて一度でも真剣な議論がなされていたとすれば、校長はああいう記者会見にならないし、学年主任も生徒指導主事も「報告がなかった」で責任回避ができるなんて思わないはずなんです。僕の印象はそういう感じです。おそらく、昭和的な、牧歌的な雰囲気を中心に職員室が運営されていたのではないか、そういう印象を持っています。

多賀　システムは「なかった」のでしょう。堀さんの言うように牧歌的な雰囲気だったのでしょう。危機管理というのは、危機を意識していないとできないわけですよね。危機を意識することって、のんびりと何事も肯定的に考えるような土壌では無理です。もう一つ、危機管理には、感情論よりも理性的論理的な思考が必要だと思うのです。最悪の事態を想定するから危機管理になるわけです。最悪の事態を論理的に考えることでできるのだと、僕は思います。

堀　まあ、東電の対応もそうでしたし、国会でも原発にミサイルが撃ち込まれたときの対応シミュレーションは？　という質問に「想定していません」って応えるくらいだから、そういうふうに日本ってのは動いてきたんですよね。非常に牧歌的に。いまは過渡期なんでしょうね。

二　子ども理解と教師の世界観

多賀　堀さんは子どもを「他者」として理解し得ない存在だと述べていますよね。僕は「異文化」だと言っています。子どもとのコミュニケーションはだから、異文化コミュニケーションなのです。異文化は、基本的にそういうものがあるという理解までしかできない。自分の文化に引き込むことも、相手の文化そのものを変えることもできないと思うのです。僕の子ども理解の原点は、その辺りなんです。

堀　僕は「異文化」だとさえ思わないなあ。絶対に了解することのできない「他者」。「文化」って言葉は子ども個人を指している感じがしない。もう少し集合知的なものというか、原型的なものというか……。例えば、「日本文化」というのはある。「アメリカ文化」もある。「子ども文化」ってのもあるし、「学校文化」ってのもある。でも、Aくんの文化とか、Bさんの文化っていうのは、僕の語感には合わないなあ……。

多賀　語感の違いは、このレベルの議論になると埋めにくいですね。笑。
僕は個人の文化というものを子ども理解の中に入れています。それぞれの家庭の文化の影響を受けたその子独自の文化があるという考え方です。ただ、堀さんの言うように本質的な「文化」という言葉の意味としては適当ではないかも知れません。堀さんと共通するのは、決して分かり合うラインというものは存在しないのではないかというところではないですか。

堀　僕は子ども理解というよりも人間理解と言っています。人は本当はどんなものかは理解できません。自分のことすら、本当はどんなものかよく分からない。分かっていると思っている人はいるだろうけれど。自分ですら分からないものを第三者が理解できるはずがない。それでも、少しでも分かろうと努力することは人間として大切な営みなのではないかと思っています。

　子どものことをわかっていると思っている教師は多いですよね。そういう教師のほうが明らかに多数派ですよね。わかっていると感じてるから、いろんなことを強制できる。それで反発を喰らうと、その子に距離を置いてしまう。なかには「あいつはとんでもない子だった」なんて言って切り捨ててしまう場合さえある。そういう教師がとても多い。それはそういう親が多いのと同じ構造だと思います。教師ってのは「擬似親」感覚で動きますからね。

　でも、それって実は、子どもをわかっているんじゃなくて、自分の認知の在り方を慈しんでいるに過ぎないんですよね。自分がいかに「見たいもの」しか見ず、自分がいかに「見ようとしているもの」しか見ていないかという疑いを自分自身には向けない。でも、子どもや保護者に対しては、あなたは実はこう感じている、こう思っているという「見えていないもの」について平気で指摘する。その矢のベクトルを自分にだけは向けない。結局、幻想ばかりの他者理解が生まれる。他者として、立場の違いや感受性の違いや利害の違いを前提とした対話が成立しない。子どものほうも「どうせわかってもらえないや」になる。

多賀　そうそう。分かってあげられないものだと思うからこそ、ちゃんと子どもを見ようとするし、子どもの声に耳を傾けようとするんです。分かっていると思っているところからは、子どもの思いや姿は見えてこないと思います。でも、多くの教師はそれが分からない。自分の狭い了見で素晴らしい判断をしていると思い込んでいるのです。子どもたちが信用しないのは当たり前です。このような言い方をすると、必ず

「じゃあ、お前は信用されているって言いたいのか。」

というようなことを言う先生が現れます。自分が信用されているかどうかは、自分にははっきり分かりません。そういう言葉自体に価値を見ませんね、僕は。そういう言葉を吐く先生たちは、間違いなく子どもたちとの対話が成立しません。同僚や保護者に対しても同じです。

堀　いずれにしても、子どもってのは理解し得ないものだということを前提に、「少しでも近づきたい」くらいの気持ちで接したほうがいい。子どもだけじゃなくて、保護者も、同僚も。実は、配偶者や我が子にさえ。自分以外の人間にはそういうアプローチのほうが機能的な人間関係を構築できる。相手を尊重することもできる。

多賀　人間を見るっていうのは、そういうことなんですよね。尊厳っていうようなものが必要なんだと思います。ちょっと視点を変えるけど、その人間の読みとり方を考えるときに、浅いな

あって思うことないですか。これは『国語科授業づくりの深層』でも述べたことだけれども、文学的な深さみたいなものとつながっていると思うんです。

堀　国語の授業は長く主題主義で行われてきました。「ごんぎつね」も「大造じいさんとがん」もこの物語の主題を読み取ることをゴールとしてきた。道徳の授業も描かれている具体的なエピソードよりは、主人公の行動から得られる教訓を抽出することをゴールとしてきました。日常生活でよく見る寓話、新聞の社説で取り上げられる論語の一節、すべて抽象的な生き方の教訓を取り出したり紹介したりすることでスッキリするような仕掛けを施してカタルシスを得ることが日本人のクセになっている。でも、文学的認識とか文学的思考ってのは、まさに「神は細部に宿る」で具体的なエピソードとか、具体的な一つの会話文とか、思わず口に出てしまったひと言とか、最後までスッキリしないモヤモヤとか、カタルシスになんか到底至らないところにこそ本質がある。

日常生活で経験する問題も実はスッキリ解決というのは稀で、「自分はあのときどうすれば良かったんだろう」とか、「これからはこんなふうに対応するのはやめたほうがいいかもしれない」とか、「かかわりすぎない人間関係はどうあるべきなんだろう」とか、新たな〈問い〉が生まれて終わるということが多い。自分の思い通りにはいかないというのが、世間の構造であり世界の構造であるからです。それは世間とか世界とかいうものが〈他者〉であるからですね。自分は〈他者〉を理解し得ない。幾度もわかったつもりになるけれど、何度もその認識に裏切られ、修正の必要に迫られ、また混沌に陥って……。結局それは幻想だったと後で気づくことになる。それが人間の認識というものであり、世界との対し方です。でも、教師は子ども理解でも保護者理解でも同僚との協働でも、とにかくスッキリを求めたがる。スッキリするということは自分の世界観が肯定され、自分のなかにストレスが残らない状態になること、要するにカタルシスを得ることです。教師はそれに慣れすぎている。一般企業や他の公務員であれば、上司や顧客に不条理を突きつけられるなんてことは日常的にある。でも教師は相手が子どもだから、自分がその気になって叱ったり説得したりすれば、そうそう自分に向かってくることはない。保護者も子どもを人質に取られている意識があるから最後まで教師に向かってくるということはほとんどない。クレーマーと呼ばれる保護者たちだって、最終的には落としどころを見極めて引いていきます。だから教師ってのは、どうしても自分の世界観を否定しない人種になっていくんですね。無意識のうちに、自分の眼を信じすぎてしまうメンタリティが構成される。おそらくそういうことなのだろうと思っています。

多賀　まず、ディテールにこだわることだけど、こだわり続けて、しかも答えは得られないというもどかしさをいつも持ちながら思索することが、文学へのこだわりですね、僕の場合は。思索と呼べるほど深く考えないで、子どもを理解できていると思いこむ先生がたくさんいる。考えても考えても分からないものだから、畏れが生まれるのに、浅くさらりと考えて、分かった気になっているんです。……辛口だなあ、今日は。笑。そして、世界観と呼ぶのもおこがましいような考えで、子どもたちをコントロールしようとするんです。これは載せられないかも知れませんが、体育会系の教師に、特に顕著に見られます。

堀　そうですね。別に文学じゃなくてもいいんだけど、読書の機能みたいなもの、なんというか自分の世界観を超えるものと出会って、自分の世界観が壊れる、自己倒壊を起こすみたいなものに触れずに教師になってる。齋藤環が最近の若者を評して「自分というものの変わらなさへの確信」を強固にもっていると言いましたが、まさに教師の体質を表していると思う。教師は若くなくてもこうした確信のなかで生きている感じがします。もう少し世間というものに、世界というものに、自分というものに畏れを抱いたほうがいいですよね。

多賀　「畏れ」は、キーワードですね。僕や堀さんは、一見、何も畏れていないように見えるでしょう。でも、文学的な思索ができる人間は、畏れを抱かずにはいられないです。自分の世界観を持つこと自体はいいのですが、他者の世界観を素直に認める心は必要かと思います。

堀　たぶん、世間への畏れ、世界への畏れ、自分への畏れ、どれもこれも言葉というものに畏敬を抱いているか否かが決めますね。文学的な思索というよりも、言語による思索、言語の創造性と限界性とを身にしみて感じながら生きているか否かという問題のような気がします。

多賀　僕はやはり、そういう畏敬の念を抱く人間を育てたいし、言語の思索を大切にできる子どもたちを育てたいなあ。

堀　ただ、周りの教師たちを見ていると、こちらが特殊で、あちらが普通なのかなあ……なんてことも感じることがあるんですけど、どうですか？

多賀　間違いなくそうですね。笑笑。だって、普通というのはマジョリティでしょ。一つ目小僧の世界では、二つ目の人間は妖怪なんですから。

三　校内研修会と教師の力量

堀　中学校一年生を担任していていつも思うのですが、生徒たちが「中学校は決めつけられなくていい」と言うんです。「小学校のときは、いつも『お前が悪い』と決めつけられて、話を聞いてもらえなかった」と言うんですね。小学校高学年の実態ってのは、そういうものなんでしょうか。僕らから見ると、生徒指導では事実確認をしっかりやって、事実の全貌が明らかになるまでは指導に入らない、どちらが良い悪いの価値判断も一切口に出さない、これは常識なんですけど。

多賀　うーん、どうだろう。高学年で低学年のときに話を聴いてもらえなかったということを聞くときもあるし、その逆も見聞きします。私立のことしか分からないが、中学では話を聞いてもらえずに決めつけられると言う子もいました。僕の感覚では、教師次第なんですね。

堀　まあ、教師次第と言ったらそれまでなんでしょうけど……（笑）。ただ、僕の感覚では小学校の先生は、少なくとも僕のようには「事実確認」を徹底していないとは感じます。もう一つ、学級担任が一人で四六時中一つの学級を見ていますから、どうしても担任と合う合わないがあって、一部の子どもたちは苦しむことになる。そういう子たちが生徒指導事案にかかわったときに、「決めつけられた」という印象をもつんじゃないか、という気がしてるんですけど。

多賀 それはありますね。学級担任王国である小学校では、子ども同士のトラブルに関しては、担任にほぼ一任されます。対外的な事案、登下校、安全指導等が生活指導部の中心です。子ども同士のトラブルについて、担任によってはきちんと話を聞く教師もいるけれど、思い込みの教師も多いです。

堀 生徒指導・生活指導からそういう「思い込み」を排すという研修は行われないんですか？授業研究よりもずっと基礎的で、大切なことだと思うんですけど……。

多賀 全く経験ないです。もっとも私学だからかも知れません。笑笑。

堀 たぶん公立でもないですよね。聞いたことありませんもん。

多賀 つまり、小学校では担任裁量が大きすぎるということです。ベテラン教師どころか、若手の教師の教室にもなかなか関われません。僕は聞いてくれる若手には言ったけれども、聞かない相手には言わなかったので、そこはトラブル対応ミスがたくさんでました。本来は堀さんが言うように、システムで客観的にとらえていくということが、絶対に必要です。

堀 トラブルをほとんど起こさない担任、他の教師に迷惑をかけずにやっていける担任がいる一方で、子どもへの対応や保護者への対応のトラブルから大きな問題になってしまう担任もいる。

何度も何度も、毎年のように学級崩壊を起こすような担任もいる。僕が疑問に思うのは、なぜ、そういう担任がたくさんいるにもかかわらず、学校全体でシステマティックに進めていこうとしないのか、そこまで行かなくても、なぜ、せめて研修会くらい開かれないのか、ということなんです。結局、力量のない担任が放っておかれているということですよね。彼らが放っておかれるということは、もちろん子どもたちにとってマイナスですし、本人たちにとってもとてもきついことだと思うんですけど。

多賀　それは、堀さんたちのような優れた教師が管理職にならないからだと思いますよ。結局、民間のセミナーで活躍するような教師たちは、そこに視点を持っています。でも、彼らは管理職になっていきません。こういうシステムはボトムアップでは作れないと思うのです。

堀　けっこうなってると思いますけどね。僕や多賀さんはならなかったけれど……（笑）。もっと、なにか構造的な問題があるんじゃないでしょうか。

多賀　どういうのかな？

堀　小学校の先生方が他の教師に口を出させないという構造が。

多賀　それねえ、難しいなあ。みんな自分のやり方が一番いいと思っているんですから。やっぱり、一日に五時間も自分のクラスで授業して、基本的にいつもクラスに座っていられるということ自体が、王国を作らせてしまうのだと思います。

堀　力量のある先生……というか、トラブルを起こさない先生はそうだと思うんです。でも、トラブルを起こしたり、ミスをしたり、学級崩壊を起こしたりという先生は、王国にはなっていないですよね。困ってると思うんです。なぜ、彼ら彼女らに手を差し伸べるシステムが小学校にはないのでしょうか。そういうことを言ってるんですけどね。

多賀 ないから、学級王国なんですよ。私学はね、まだ運命共同体の発想がありますが、公立の小学校は、ないですね。困難校はあるみたいですが、子どもたちの問題が半端じゃないからでしょうね。

堀 なるほどねえ。おそらく全国の中学校の多くには、間違いなく若手教師や力量の低い教師をサポートする体制があると思うんです。僕は札幌で五つの中学校に勤めましたが、その体制のない学校には勤めたことがありません。小中連携ということが時代のテーゼの一つになっているわけですけれども、こういうサポート体制の在り方みたいなものが交流されると良いんですけどねえ。授業とか、学力とか、行事とか、部活とか、ＰＴＡとか、そういうものばかりが連携でも話題になる。

多賀 小中連携がお互いにイヤな気分で終わることが多いんですよ。中学の先生は小学校でつまらない芽を作ってきているという認識があり、小学校側は、「中学の責任だろう」という思いがあります。こういうくだらないすれ違いを無くしていくのは難しいのかなあ。

堀 「つまらない芽」ってどういうことですか？

多賀 人間関係をこじらせたままとか、宿題をちゃんとする習慣ができてないとか、いじめられる種を作っているとかです。

堀　ああ（笑）。そんなこと思ってませんよ（笑）。ちゃんと引き継いでくれない担任だった場合には文句も言いますが。それ以外は中学校でリセットだと思っています。結局、子どもたちも保護者たちも中学校ってところがわからないから、頼りにするのは先生って感じで、年度当初はあまり苦労はしないんです。

それよりも、子どもも保護者も学校というものに不信感を抱いているっていうタイプの学級とか学校とかがある場合が一番困ってますね。なんかこう……学校というもの自体を信頼していない、そういう姿勢で入学してこられることがある。高学年で崩壊した学級に多いですよね。すべての崩壊学級がそうではない。けっこう、これ、僕は大事だと思っていて、高学年で学級崩壊を経験している子どもたちってのは、非常に天真爛漫な子どもたちである場合と、不信感の塊みたいになっている子どもたちである場合とふた通りある。僕の実感では半々くらいです。後者がどうしようもなくきつい。

多賀　「どうせおれらの言うことなんか……」という言葉が出てくる子どもたちですね。否定して抑えつけようという発想しか教師たちが持たなかったら、そうなりますよね。崩壊したら、いろいろな教師たちが学級に入ってきます。小学校では、そこまでは学級王国なんですが。入ってきた教師たちが険しい目つきで問題行動をとがめます。誰も笑顔で子どもと暮らそうとはしないんです。そういうスパイラルに入ってしまうと、不信感しか生まれませんね。

堀　なるほど。そういう経緯なんですね。それに近い形で、高学年時にやたらと威圧されてお となしくさせられていたという子どもたちが入学してきたときにもやりづらいですね。先生の出方をうかがっているところがある。おとなしくして、悪いことしなければいいんでしょ、みたいな雰囲気を感じる。そうじゃないよ、学校ってのは楽しまなきゃいけないんだよってのが伝わるまでに、一学期いっぱいかかっちゃう。

多賀　だからさ、極論するとね、僕に言わせれば「教育をしていない」んですよ、そういう状態は。なんとか押さえ込んで卒業させてしまおうというふうになっていて、「学校の楽しさを謳歌させよう」なんて発想になりません。少々荒れていて、問題行動だらけでも、「学校って楽しいなあ」「仲間っていいよね」という思いをたくさんしてほしいのが、僕の考え方ですが、小学校では異端視されます。

堀　なんだか多くの小学校の先生が勘違いしてるのを感じるんですけど、現在、小学校高学年よりも中学校のほうがずっと「ユルい」っていう状況があるように思うんです。六年生の二学期とか三学期とかに、僕らが小学校に行ったり、或いは小学校側が中学校に来たりして、要するに中学校の心構えみたいなものを話すことが多いんですけど、六年生の担任の先生が僕らを紹介する前に、中学校ってのはとっても厳しいんだから、いまのままのお前たちではやっていけないみたいな話をするんですよね。それで、「では、堀先生」とか預けられて困っちゃって……（笑）。或いは、そういう会の事前打ち合わせのときに、小六担任から「厳しい話をしてください。お願いします」なんて頼まれることもある。こっちは新入生の不安を払拭したいと思ってその機会を設けているのに、逆のことを言われて困っちゃう（笑）。

多賀　笑笑。だから、六年生のときは妙に大人びてしっかりしていた子どもたちが、中一になったとたんに、幼い顔になるんでしょうね。

堀　まあ、それだけじゃないでしょうけどね（笑）。なんか、小学校って六年間もあって、六年生にやたらプレッシャーかけるじゃないですか。まだ十二歳の子どもなのに、学校背負わなくちゃならないような言い方するでしょ？　中学校から見ると、正直、あれ、馬鹿げてるなあ……って思います。まだ子どもなんだから……って（笑）。

多賀　ですよねえ。僕もそう思います。「最高学年の自覚を持て」とか、やっちゃうんです。僕もそうでしたから、自嘲的に言っています。

堀　まあ、最高学年なわけですから、それなりの自覚が必要だとは僕も思いますけど。でも、要求してることが大人でもできないようなことなんですよね。少なくとも、教師ができていないことを要求してるところがある（笑）。どの口が言うんだ……ってね（笑）。それじゃあ、聖人君子じゃないかって……（笑）。

多賀　そうなんですよ。「全校生のことを考えて行動しろ」「演技と準備と両方がきちんとできてこそ、意味がある」「座席では模範となれ」……まあ、指導している教師でそういうのきっちりしているのは、ほとんどいませんね。笑笑。

堀　だからさ、話を戻しますけど、構造的な問題なんですよ。小学校の職員室ってのは、高学年専門担任みたいな人たちがやたら威張ってる。学校背負ってるし、行事でも中心的に動かなくちゃならないし、子どもに接する時間も長いし……って感じで。高学年の人たちが「自分は力量が高い」と思ってる。で、高学年もつ自信なかったり、早く帰らなくちゃならないお母さん先生とかで低学年・中学年専門みたいになってる人たちは、高学年担任に教えてもらおうという機運が生まれない。高学年のほうもオレたちゃ忙しいんだから、力量のないヤツらは自分たちでなんとかしろみたいな雰囲気を醸し出す。そういう構造なんじゃないかと。

多賀 だいたいそうですね。有名な講師連中はほとんど高学年担任ばかり。僕みたいな一年から四年までを六回ずつ担任したようなのは、珍しいんです。それで、高学年を担任するのが良い教師だという神話があるんです。学校の全てを背負っているというような錯覚をおこしてしまうんです。みんながまんべんなく学年を経験したら、きっとお互いへの敬意が生まれるのに。

堀 ですよね。小学校で一番難しいのは、どう考えても一年生だと思う。昔は「入門期の指導」の書籍があふれるほどに出ていたけれど、いまはほとんど見ませんね。学年別書籍の一冊としては見ることがありますが。昔は一つのジャンルとして成立していた気がしますけどね。

多賀 僕の『今どきの1年生まるごと引き受けます』（黎明書房）を、もっと宣伝してください。笑笑。一年生を経験している人たちで書ける人がいないってことかも知れません。一年生を担任したことないのに一年生の本を出す方もいますけれどね。

堀 それは反則だね。実践のない人が本書いちゃいけない。

多賀　いるんですよ。『小一教育技術』なんかでも「あれ、この人、一年生持ったこと無いのに……」って思う人がいます。それはともかくとして、僕は、一年、三年、五年が大事だと思っています。そこをしっかりとできる先生が持つと、子どもたちが伸びるんです。のびしろが大きく、精神的な節目を感じるときなんです。

堀　そこはもう少し詳しくお願いします。学級編制の有無にかかわらずですか？

多賀　まず、一年生。これは長い学校生活の入門期ですから、生活習慣や学習への基本姿勢などをつけるべき時期です。基礎基本の全く分からない教師が担任するのは、子どもにとってマイナスでしかありません。二年生になると子どもたちはもう、いろいろなことができるようになっていますから、ある意味、誰でも担任できます。三年生は、ギャングエイジに入って集団化していく時期です。具体的な思考しかできなかったのが、抽象的思考ができるようになり、その大本となるのが言葉の力です。抽象思考って、言葉でするものですね。五年生はもっとも崩れやすく、女の子は多くが思春期に入ってきます。五年生をちゃんとできたら、六年生はそれこそ「最高学年だ」というモチベーションで乗り切れます。

堀　それは最近の傾向ですか。それとも多賀さんがそう感じているだけで、一般的にはそうは考えられていないんですか？　というのも、二十五年前、僕の大学同期で小学校に勤めた友人たちはほとんどが新卒で五年生を担任していたから言うんですけど……。

多賀　最近ですね。二十五年くらい前なら、今とは全く違いますから、状況が。正確に言うと、最近、僕が感じていることです。

堀　同じような問題意識を持っている人ってのは、けっこういますか？

多賀　「五年生の十一月」というのは、合い言葉になっています。僕、十校の公立小学校へ年間指導に入っていますが、だいたいそういう意識ですね。

堀　なのに、なぜ、こんなにも五年生の学級崩壊が多いのでしょう。指導に行っている学校の話じゃなくて、一般的にですが。

多賀　それは、五年生の子どもに対する対応の仕方が分からないからだと思います。マニュアルでは対応できないから、マニュアルでなんとかしようというレベルの先生では難しいですね。

堀　と言いますと？

多賀　これは堀さん、言い出したら一冊の本になってしまいますよ。笑笑。

堀　そこをできるだけ簡潔に（笑）。マニュアルで対応できないのはどの学年もなんだと思いますけど、五年生の特殊性と言いますか……。

多賀　絶対に内緒にしてくださいよ。笑笑。女の子が一つのポイントです。女の子が女性になってしまうんですよ。小学校の先生って、どうしても子どもを幼子としてしかとらえられないところがあります。女性の扱い方が下手なんですよ、女性教師も男性教師も。

堀　ああ、そういうことですか。それは中学校の得意分野ですね。中学校教師は女子生徒を幼子と捉えることはありませんから（笑）。なるほどね。それはあり得るでしょうね（笑）。

多賀　これね、けっこう大事なんだけど、僕はセミナーでもほとんど言ったことがないんですよ。人格を疑われそうで……。

堀　気にしすぎでしょう（笑）。女子生徒の指導は間違いなく二十一世紀のトレンドですからね。

多賀　ここを徹底的に扱った本って、ないですよね。

堀　赤坂真二の高学年女子の本（『小学校高学年女子の指導』学陽書房）くらいでしょうかね。でも、スキル化できないですよね、この分野は。担任のキャラクターの与える影響が大きすぎる。同じスキルが正反対の影響を与える可能性のある分野ですから。自らのキャラクターに合ったものしか使えない。すべての教育スキルがそうだと言ってしまえばそれまでなんですけど、それにしてもキャラクターの影響があまりにも大きい分野です。

多賀　その通りです。だから、うかつに「高学年女子には、こういうアプローチがいいですよ」なんて言うと、キャラの全く違う人が真似をして大爆発してしまいかねないですね。

堀　男性教師が女の子に機能する指導をするときって、擬似恋愛的な関係になったり、擬似的にカウンセラーとクライエントになったりするでしょ。そうすると相性があるんですよね。恋愛やカウンセリングに相性があるように。

多賀　そうそう。マジョリティのとれる教師はいることはいるけど、全ての子どもたちと相性のいい教師なんて存在しないです。小学校では、その無理を分からないで、全部一人の教師がコントロールできると勘違いしている先生がたくさんいます。

堀　そうでしょうね。まあ、中学校にもいますけどね（笑）。

四　理想の教師像と教師のチーム力

堀　多賀さんは本書の原稿（第六章）のなかでも、小学校にも学級経営上のチーム力が必要だと述べていらっしゃいます。まあ、システムの問題もあるから、なかなか小学校への導入はハードルが高いわけですが、具体的にはどういうところから始めると良いと思っていますか？

多賀　まずは、開示です。クラスの状態をオープンにすることです。子どもたちのことを共有しないと、チームも何もありません。それがね、どうも秘密主義の教師って多くて、話せないんですよ。仲間を信頼できないって言ってしまえばそうなんですが、そこを越えていかないと、できません。実際、子どもたちの問題は、クラスだけに限ったことではないことも多いのです。

堀　なぜ、秘密主義なんでしょうね。やっぱり評価の問題ですか？　教師としての。それともプライドの問題ですか？　まあ、表裏ですけど。

多賀　学級王国だからでしょうね。もともとお互いに立ち入らない文化があるのです。それと、プライドの問題は大きいと思います。

堀　他人に立ち入らせないプライドですか？

多賀　その言い方は当たっていますねえ。笑笑。本来、そんなのはプライドじゃないんだけど、新人でも嫌がりますね。僕は「口出ししないでください」と言われたことがあります、新人に。

堀　「口出し」かあ……（笑）。

多賀　チームとしての職員集団づくりをめざして「聞き合い」を取り入れる学校があります。このとき、ベテランが「まあ、やってみようよ」というふうに柔軟に対応してくださると、うまく動いていきます。聞き合いができるようになると、チームとしてやっていけるようになります。聞き合えるということは、子どもの話を何でもできるということです。秘密主義が消えていきます。僕を年間指導に呼ぶような学校の管理職は、チーム意識の必要性を理解してくれるので、後は、ベテラン次第なんです。今の現状をとらえられないベテランが「そんなことに意味はない」「自分のやり方とは違う」などと言い出したら、チームはできていかないんです。

堀　私学では高学年を中心に教科担任制を敷くところも増えてきていますけど、小学校への教科担任制の導入はどう考えてますか？

多賀　高学年では、必要だと思います。チームとして考えるのにも、低学年では、国語という教科が学級指導と密接に関わるので無理かと。

堀　僕も高学年は教科担任制がいいんじゃないかと考えています。社会が多様化して、子どもたちも多様化の風を一身に浴びている世の中で、学級担任が一人で母親のように抱え込むというのは無理がありますよね。でも、低学年はもちろん、小学校三年生くらいまでは、やはり小学校というのは勉強を教えたり社会の構造を学ぶというよりは、生活全般を抱え込む学級担任のほうがふさわしいだろうと……。問題は四年生をどう考えるかな、というところにある気がしています。とは言っても、現実がそうなってるわけじゃないので、勝手に考えてるだけなんですけど……（笑）。考えているというよりも妄想に近いですよね（笑）。でも、一定の妥当性はあるなと……。

多賀　もともと、小学校の六年間って、長すぎるんですよ。ぼやっとした顔の幼児に近い一年生からスタートして、大人に片足を突っ込んでくる六年生まで、あまりにも違いすぎるんですよ。高学年に優秀な先生が集まるように言われ、実際、有名な講師たちってほとんど高学年ばかり担任しています。その人たちの多くが一人でなんとかできる方ばかりです。それでなかなかチームという発想が出てこないのかも知れません。教師力にチームをつくる力を入れて力説する講師って、いないでしょ。

堀　そうですね。でも、教師なんていう職業は、決められた指導事項について教える程度の学力さえあれば、だれでもできる仕事じゃないと成立しませんよね。一部のエースみたいな教師しか高学年をもてないんじゃ、職業として成立しません。

多賀　そういうこと。全員に持たせていいと思うんです。特殊な教師しか持てないというのは幻想です。確かに困難校では、エースが必要だろうけれども、それほどまでじゃなければ、どの教師も五年くらい経験したら高学年を持てばいいんです。六年生よりも上の中学校では、どんな教師でも持っているわけですからね。理論的に言うと、可能なはずなんです。……力のあるエースばかりに高学年を担当させているから、女性の柔らかな教師の実践が出て来なくなるのかも知れません。

堀　そういえば、女性教師の柔らかな実践って、聞かなくなりましたね。あの、凛とした柔和さみたいなものを持っていて、子どもがかしこまっちゃう先生って、昔はたくさんいましたよね。僕も含めて、子どもたちにもずいぶんと好かれ、慕われていた。

多賀　そうですよ。小学校の女性教師の数から言って、実践家として表に出てくる人があまりにも少なすぎます。「凛とした柔和さ」っていい言葉ですね。男教師には、決してないものですよ。僕の尊敬する女性教師の上山松子先生は、きれいな方でもありましたが、まさしく「凛とした」方でした。授業も圧倒的で、僕は永遠に追いかけているような授業者でした。そういう先生がもっと出てこないといけませんよね。

堀　そういう女性教師が、僕らの世代にとっては女性教師の代表的な像でしたよね。でも、そういう女性教師では高学年がもたなくなってるんでしょうかね。そう言えば、その手の女性教師は中学校からも消えているかもしれません。

多賀　中学校の女性教師がこれからの高学年のお手本だと思っていたのに、中学でもそうなんですか。本質的に教師の仕事が厳しくなっているってことでしょうか。

堀　いえいえ。イメージ的にお手本にできる教師はたくさんいるでしょうけれど、昭和的な「凛とした柔和さ」をもった女性教師は消えていますね。あのイメージは僕らのノスタルジーに過ぎないのかもしれません（笑）。

多賀　酒井和歌子みたいな、ですか。笑笑。

堀　うーん。まあ、僕は酒井和歌子の大ファンですが、彼女は「凛とした柔和さ」って感じではないですね。酒井和歌子に教師役やられても……（笑）。まあ、かつてはありましたけどね。なんでしょう……、もう少し清楚な感じの、代表的なイメージで思いつくのは松原千恵子とかですかね。

多賀　高峰秀子って言うのかと思った。笑笑。僕の中では、『二房の葡萄』の先生なんですよ。だから、僕の授業でよく使うのかも知れません。

堀　残念ながら世代が違いますから（笑）。高峰秀子って「二十四の瞳」の大石先生ですよね。僕の世代にとっては大石先生は田中裕子ですから（笑）。

多賀　そうなんだ。ショックです。笑笑。でも、大石先生って、さっき言ってた「凛とした柔和さ」かも知れませんね。

堀　いや、大石先生はいまなら指導力不足教員でしょう。たぶん、あのやり方ではクレームの嵐になってしまいますね。だって、なんにもできないんですもん（笑）。すぐ泣くし（笑）。頼りない教師の代表にされちゃうんじゃないでしょうか。「二十四の瞳」は僕の最も好きな作品の一つですけれど、たぶん僕らが抱く「女性教師然」とした教師って大石先生みたいな人なんだけれど、たぶんいまは、保護者も世論も大石先生が実際にいたら叩くでしょうね。

多賀　間違いなくそうなるでしょうね。こう考えてくると、教師像って、ほんとになくなってきているんですね。

堀　そうですね。中村雅俊も金八先生も熱中先生もびんびん教師もいまはみんなダメでしょう。そもそも現実にいてもおかしくない教師像ってものが、ドラマでも描かれなくなりましたよね。女王の教室もGTOもごくせんも、みんな実際にはあり得ない教師ばかりです。きっと社会が理想の教師像みたいなものを失って、パロディとしてしか描けなくなってるんですよね。

多賀　『暗殺教室』なんて宇宙人ですからね。最近描かれる教師像には、非現実的なものがほとんどです。社会的な問題ですね。子どもも親も教師に理想を見ない時代って、怖くないですか。

堀　まあ、教師だけじゃないですけどね。政治家でも企業家でも昔は全国民がひとかどの人物として認める人がいましたからね。それが最近は叩く対象にしかならないでしょ。二十一世紀に入った頃から、国民的アイドルっていうのもいなくなりました。スポーツ選手もそうですよね。もう長嶋も王も大鵬もいない。でも、原や千代の富士の頃まではそれなりに国民的に愛されていましたよね。まあ、松井やイチローが最後なのかもしれませんね。

多賀　多様化って、そういうことなのでしょうかね。そんな時代の教師たちって、何を目標にするのでしょう。だからネタやスキルに走るのでしょうかね。

堀　「多様化」と、不景気がつくった「不機嫌」な時代の空気との合わせ技一本って感じじゃないでしょうかね。価値観が多様化しているところに、みーんなうまくいかなくて不機嫌になっちゃって、できることはクレームつけることくらい、しかも失敗は自己責任と言われる、そういう世の中でみんな萎縮してる。コスパばかり気にしていかにコストを払わないか、いかにリスクを取らないか、そればかり考えてる。コスパが良いのはネタやスキルですよね。手に入れるのが簡単で、最大公約数に効果があるわけですから。

多賀　そこには哲学はないですよね。哲学なんていらない時代ってことかなあ。そう考えるのは、僕には寂しいです。

堀　まあ、時間は不可逆ですから、もう戻りませんね。アナクロ的に愚痴ってても仕方ないからできることをやろうということになる。でも、一人ではどうしても限界がある。そこでチーム・ビルディングなんだと思いますよ。ポジティヴなイメージで言われることが多いけれど、実は時代のネガティヴな空気に合致してるんだと思いますね。一人じゃないよ……っていうのが。だからみんな飛びつく。でも、この現状を乗り切るにはチーム力しかないっていうのは事実だと思うんですよ。

多賀　僕もその点は全く同感です。ただ、小学校でのチーム・ビルディングって、ほんとに難しいですね。幸い、指導に入っているいくつかの学校では、そこを取り組んでいるから、何か彼らが答えを見つけ出してくれるかも知れません。僕自身は、結局、それは大きな単位ではしきれなかったんですから。

堀　まあ、小学校では「学級王国」の呪縛、「担任責任」の呪縛からできるだけ早く逃れることが必要ですね。自分で力量があると思っている先生が、六年生を担任して威張っているうちはなかなか難しいと思いますよ。

多賀　全国的に有名な講師たちにもそういう感覚がありますからね。そこを突き抜けている方は、おもしろい。教師カーストでは、だめですよねえ。笑笑。

堀　そういう力量のある教師も、自分に見えていないというだけで穴はたくさんあるんですよ。穴がない人間なんてあり得ない。その穴を見る視点をもっていないだけでね。要するに、この時代、教師は多様な価値観をちゃんと理解でき、対応できるような、多様な視点をもたなくちゃやっていけない時代になっている。しかもそれらをメタ認知的に判断できる視座までもたないとやっていけない時代になっている。広い世界観をもたなくちゃやっていけなくなっている。これは一人の人間には不可能なことです。できるだけ多くの人間の眼で見て、できるだけ多くの人間の世界観をぶつけ合い、できるだけ多くの眼で見たものをできるだけ多様な世界観から想定して判断していく、そういうことが必要です。自分に力量があるとか、自分は有能だとか感じている時点で、既にそうした多様な見方ができないことを示しています。

多賀　その視点は、人を対等に見られるかどうかに、左右されます。他の教師に対して、真摯にフラットに対することができるかです。もちろん、ダメ教師もいますよ。それでも、フラットに見ることは大事なとこだと思うんですよ。

堀　そうですね。学校現場ってところは、性的なものと宗教的なもの以外はだいたいなんでも教材化できる空間なんです。それなのに、スポーツマンがスポーツを活かすとか、演劇や音楽を得意としている人が堂々と教育活動に活かしている程度で、その他はほとんど出て来ない。一見ダメ教師に見える人だって、おたく的な趣味、マニア的な趣味の一つくらいはもっているものなんです。それを教育活動に活かす場をつくれば、子どもたちの見る眼も変わってステイタスは上がって行くんですよ。そういう場を中学校では学年集会なんかでつくってしまうわけですよね。もちろん、力量のある、チーム力を大切にする教師の企画力によってです。力量のある教師は、その力量を自分の自己実現のためにだけ使うんじゃなくて、職員室のチーム全体のために使わなくちゃいけない。ダメ教師を批判するんじゃなくて、その人たちに居場所をちゃんとつくってあげる。そのほうが学校全体の教育力は格段に上がるわけですから。力量のある教師がそういう動き方をせず、その力量を自分のためだけに使ってしまうと、隣の力量の低い教師は必要以上に息苦しくなる。実は力量の高い教師がいることによってその人だけが突出してしまい、その他の教師たちをやりづらくさせてしまって、結果的に学校全体の教育力を下げてしまっているという例はたくさんあります。

多賀　僕は私立小学校だったので、ある年齢からは、一緒に組んだ仲間をどう活かしていくかを考えるようになりました。隣の先生が潰れても、学校の評判にひびき、ひいては給料にもひびきかねないからです。公立ではその発想は持ちにくい。スーパーティーチャーと一緒の学年になったために、潰れて休職した先生がたくさんいます。これからの教師は、それではいけない。

いかにチームの多様性を活かせるかが大切です。もっと極論すると、教師力不足の方は、現場に確かに存在しています。子どもとコミュニケーションがとれなくて、勝手にどんどん自分の調べてきたことを提示しているだけの教師なんて、最近、多いですよ。それを「ダメ教師」と断罪しても、仕方ない。彼らも一緒に学校をつくっていかねばならないんですから。僕、ある学校で管理職に言ったことがあります。「ネットを使ったり、現場に行ったりして調べてくる力は優れているのだから、例えば、遠足や校外学習の計画やしおりの作成を任せれば、素敵なものを作ってくれるでしょう。担任は難しくても、社会科の学習は面白いモノをつくれそうだから、高学年の社会専科でもいいでしょう。彼を活かせる場所はあるはずです」と。学校全体のボトムアップを考えられる教師が、本当のスーパーティーチャーなのかも知れません。

堀　だいたい指導力不足教員なんてのは、相対的なものに過ぎないんです。指導力不足教員の一番から一〇〇番までがいなくなったところで、今度は一〇一番から二〇〇番目までが指導力不足と言われるだけです。力量のある教師として威張っている人たちだって、たまたまその学校で力量があると言われているだけで、その人より力量のある教師なんて全国にいくらでもいる。そもそも力量ということ自体がその学校や地域、管理職との相性の問題であって、たまたま偶然にその学校で活躍できている可能性だってある。教師の力量の評価なんてけっこう偶然性に左右されるものに過ぎない、という側面もある。

多賀　それは、ありますね。教師の絶対的で正当な評価なんて、ないんでしょう。ただし、教師としての最低レベルみたいなものは、あると思います。教師って、自己評価が高い生き物でしょ。みんな自分は違うと思っている。まともな教師は「自分は向いていないんじゃないか」と、悩みます。そういう悩みのある方がバランスはいいのかなあとも、思うときがありますね。堀さんが言うような広い世界観を持つには、自分が絶対だというような過信を捨てなければなりません。これは、若手にもベテランにも言えることだと思います。

堀　一方で、周りに迷惑ばかりかけている人にも、自己評価が高くて、自分は職場でちゃんとやっていると思っている人もいなくはない。民間のセミナーにものすごく参加している人にもそういう人がいますよね。きみの来るところはここじゃない。まずは職場で信用を得てからにしなさい。そう言いたくなるような人（笑）。

多賀　ＳＮＳがそういう人たちを煽ってしまうときがあります。「あなたは間違っていない。がんばってください」なんてね。結局、職場の同僚にどう評価されるかが、僕が教師を見るときの大きなポイントです。いずれにしても、僕は小学校教師のことしか分からないけれど、狭い世界観から抜け出せない教師は多いです。どうやったら、そこに気づかせられるのかなあと、今は思っています。だって、僕は今、教師教育が自分の仕事だし、メインテーマですから。

堀　そろそろＳＮＳの効力とともに、弊害にも眼を向けた思考が必要なのかもしれませんね。今日はありがとうございました。

多賀　こちらこそ、ありがとうございました。

第二章　次年度に崩れる子どもたち

前の年に荒れの芽が育つ

一　次年度に荒れるパターンがある

次年度に荒れる、担任が代わったらきっと荒れるだろうと予想できるクラスがある。パターンがあるのだ。前年度に強圧的にクラスを支配する担任が存在していた。教師が君臨していたと言った方が良いだろう。そういうパターンである。

必ず荒れると言えないのは、次年度の担任の学級経営によって左右されるという要素があるからである。

これはよく見かけるパターンである。中堅以上の教師で荒れをつくる典型だと言っても良いだろう。

先生が子どもたちをぎゅうぎゅうに締め付けて、なんとか学級を維持させていく場合がある。いつも教室には変な緊張感が漂っていて、子どもたちはぴりぴりしている。子どもは最初のうちはなんとかがんばってやっていくが、緊張を長期間続けることには限界がある。教師だって、常に目を光らせて子どもたちをコントロールするのは大変だ。いつかタイムリミットがきて、何かの出来事をきっかけにして崩壊する。

公立小学校に勤める僕の友人が五年生を担任したとき、夏に出会ったら、
「同じ学年の二つのクラスは、先生がぎゅうぎゅうに子どもを締め付けていて、ぴりぴりしているんだ。これは、持たないなと思っていたら、案の定、六月に二つとも崩壊して、先生が休んでしまった。」
と嘆いていた。

締め付けるだけではなくて、どこかで何らかの形でガス抜きをしないと、学級はしんどくなる。たとえ年度内になんとか押さえ込むことができても、溜まったガスはいつか必ず爆発する。それが次年度の学級崩壊へつながることがあるのだ。

ちなみに、その学年は三クラスが崩壊して、新任の講師二人と管理職に交代した。「俺に任せろ」と豪語した管理職のクラスは再び崩壊した。一度壊れると、繰り返すことが多い。それに対して、若い二人の先生たちは僕の友人の「現状維持で十分だよ」と言うアドバイスを守り、なんとかのりきることができた。

二　圧力は反動を生む

こんな例がある。四年生だ。

担任の先生の時間は、けっこう静かにしていた。しかし、ほとんど笑いがなく、なんとなく子どもがぴりぴりとしていた。先生が厳し過ぎるからだ。大声でどなりつける教師だった。教室は静か

だけれども、明るさや覇気もなかった。

子どもたちが自分で書く活動をしていたとき、先生が見ることを強く意識していた。当たり障りのないことを書かないと、後で叱られると思っていたからだ。

音読があまり上手ではなかった。声がしっかりと出ないのだ。いつもお経を読んでいるようにしか、聞こえなかった。要するに、先生の圧力で子どもたちが抑えつけられているクラスだった。

実は、各地の学校でこのようなクラスをよく見かける。

そして、残念ながらその先生の担任している間はなんとかなっていても、五年生になったとたんに爆発的に荒れてしまうことも多いのだ。

圧力は必ず反動を生む。特に四年生って微妙で、まだ高学年ほどのパワーもないし、反抗期に入っていることも少ないので、強圧的な教師に支配され切ってしまうことがある。それが五年生になってその教師の圧力から解放されたとたんに、荒れるということになるのだ。

しかし、四年生のときの担任は、

「せっかくおれのときは、ぴしっとさせていたのに、五年の先生が甘いんだ。」

等ということを言って、自分に責任があるなんて全く考えもしない。

新しい学年を持たれた先生は、前年度の担任の子どもへの圧力のかけ方と子どもの様子を、その先生以外の先生から訊いた方がいいかも知れない。

五年生になると、子どもたちが思春期に入り始める。反抗的な態度を見せる時期なのである。そのときに抑圧されたエネルギーが爆発してしまうことがある。抑えつけられていた子どもたちほど、荒れ方は激しくなるのだ。

三　締め付けるとはどういうことか？

締め付けるというのは、どういうことか、もう少し具体的に見ていこう。

さすがに体罰まではないだろうが、大声で怒鳴りつけるというのは、締め付けることの筆頭だろう。子どもを怒鳴りつける教師は、ターゲットの子どもを用意する傾向がある。怒鳴られても仕方ない子ども、おうちからもクレームの出にくい子ども。そういう子どもをターゲットにして、徹底的に攻撃する。

他の子どもたちも、「あの子なら怒鳴られても仕方ない」と思う。しかし、友だちが怒鳴りつけられて泣いている様を見ていたら、「自分は、絶対に、ああならないでおこう」と思わされる。従って、直接怒鳴りつけられない子どもの方が、プレッシャーを感じるようになるのだ。

怒鳴りつけられて泣き出してしまった子どもに
「泣くな！　お前が悪いんだから、泣くのは許さんぞ。」

と、さらにおっかぶせて叱る教師。

そんなものを日々見せられたら、子どもたちの心が萎えてしまう。

また、厳しいしつけで締め付ける場合もある。教師の指示に従って規律正しい子どもたち。どの子も姿勢がよくて、机の上に全員が教科書と筆記用具を準備できている。誰一人掃除を怠ける者はいない。教室のロッカーは全てきちんと整頓されている。

それは悪いことではない。多くの先生たちがそうありたいと願って努力するけど、相手が生身の人間の集まりなので完璧にはできないことなのだ。

そこに、笑いや失敗を認めるような土壌があるかどうか。もしもないとすれば、子どもたちは窮屈な思いをしているに違いない。

四　学級という呪縛

「最高のチーム」、「日本一のクラス」というような言葉が学級づくりというカテゴリーの中でときどき使われる。

最高のチームができたと仮定しよう。そのチームは次年度には解散して、ばらばらになるのである。次に子どもたちが所属する新しい学級というチームは、去年の最高のチームと比べれば低いレベルのものになる。前年度が最高だったのだから、後は下がるしかない。

また、六年生で「日本一のクラス」ができたとしよう。そのクラスでは子どもたちは自分たちのことを幸せだと思っていた。

その子たちが中学へ行って、荒れた姿を見せる。

そういうことも、時折、耳にする。

そうなるのはなぜだろうか。

その学級という呪縛、そのチームという同調圧力の中においてのみ機能することをしていたからではないだろうか。

名著『学級革命』において小西健二郎が提言したことは、六年生のクラスにおける実践の在り方であった。担任として直接手を出せない中学というステージに上った子どもたちが自らの力で改革していこうとする姿が、そこにはあった。

学級という呪縛においてのみ居心地が良くて安心であるということ自体は否定しない。それも大切な体験だと思うから。一生荒れたクラスしか知らないという子どもと比べれば、その値打ちははっきりと分かる。

しかし、「学級」「チーム」「クラス」という視点のみで子どもたちを見ていると、呪縛の中でしか幸せを得られない子どもたちが出てくると思うのだ。

次年度に荒れる要素の一つとして考えてはいけないだろうか。

五　先生からスタートでいい

荒れるとき、子どもたちはどんな思いをもっているのだろうか。

大人に対する不信が荒れを決定的にする。少なくとも、この先生の言うことだけは聞くという大人がいなければ荒れは止まらない。

優れた先生、信頼できる先生と出会うことは、子どもにとって大切なことである。しかし、その先生だけが絶対で、他の教師を見下すような子どもたちであったら、次年度には崩壊に至ることもある。

「この先生が言うならば、聞こう。」

ということから新学期は始まっても良い。

しかし、人間としての人への接し方、生活の作り方等を自ら自覚して、自分たちで学級をつくろうとする子どもを育てなければ、次年度に「先生が代わった」とたんに荒れることになりかねない。

六　学級集団という発想

「赤信号、みんなで渡れば怖くない。」

という言葉がある。崩壊学級の子どもたちの多くは、これである。

一人一人と話したら、それほど問題がある感じはしないのに、学級集団になると、変わってしまう。自分の責任が軽く感じられることもあるだろう。人間にはもともと、赤信号で渡ってみたい願望がある。それを良識やしつけによって、制御して暮らしているのだ。

それが、

「みんなで渡れば怖くなんかないよ。」

と言われたら、つい渡ってしまうなんてことになる。自分たちだけ真面目にやっていたら、なんだか損をしているみたいだとも思うだろう。

悪いことには魅力があるから。

「みんなで取り組めば、なんでもできるんだ」というのは、一つ間違うと、「みんなでやったら、恐くない」となりかねない。

七　学級ではなく、個を育てる

学級集団づくりが、さまざまな形で取り上げられている。今売れている教育書の多くが学級づくりをテーマとしている。学級をどうつくるかということが、現場では大きな問題なのだということだ。

ところが、学級として子どもたちをとらえすぎると、その先生の担任している間だけの平和や秩序になることがあると、僕は考えている。

大切なのは、一人一人の子どもが自ら考えて行動するように育てることである。自分の判断でいい状態をつくっていくこと。先生の指導に頼らずとも、自分の生活をつくっていくことができること。そういう子どもたちなら、次年度によほどひどい担任が来ない限り、荒れたりはしないだろう。

全ては、個を育てるところにあると考える。

（多賀一郎）

学級担任制の危うさ

一　学級担任制と教科担任制

正直に言おう。僕は小学校教師というものにある種の怖ろしさを感じている。こんなことを言っては小学校の先生方に申し訳ないのだが、自分には絶対にできないな……と思う。

僕は中学校の国語教師だから、担任をもっても僕が担任学級に入るのは最大で八時間だ。国語の授業で四時間、道徳が一時間、学活が一時間、総合が二時間の八時間である。授業は週に二九コマだから、他の二一時間はほかの先生が入ることになる。もちろん、朝学活や帰り学活、給食時間も学級に入ることになるから、そうした時間を含めればけっこうな時間を自分の担任学級で過ごすことにはなる。しかし、それでも小学校教師の比ではない。

担任をもつと、「自分とは合わないなあ」「ほかの先生の学級に行ったほうがこの子は幸せだろうなあ」と感じる生徒と出会うことがある。そんな生徒が必ず何人かはいる。人は自らの見たいものしか見ないという原理に従えば、僕が認識しているのが何人かなだけで、潜在的にはもっともっといるに違いない。僕はそれを怖ろしいことだと思う。

もちろん、生徒たちは実際にはそんなことを意識したりはしない。僕の学級でそれなりに楽しみながら学校生活を送り、最終的には「担任が堀先生で良かった」と言ってくれる。でも、長年中学校教師をしていて、数千人の生徒たちとかかわってきた僕にはわかってしまう。「おまえは気づいていないけれど、オレよりあの先生のほうがおまえをより育ててくれたよ」と。僕はそう思いながら、その子にとても申し訳なく思う。自分が担任であったがために、そうと気づかないままに居心地の悪い思いをしたり、持てる力を開花させてもらえなかったりするのである。教職にある身として、これを怖ろしいと言わずして何を怖ろしいと言おうか。そんな心持ちがする。

それでも、僕がそうした生徒たちを担任してもなんとか自分を納得させられるのは、担任している学級の生徒たちといえども、彼らが関わる教師が僕だけではないからだ。僕の学級の生徒たちは週二一時間にわたって僕以外の教師の指導を受ける。僕以外の教師にも褒められ、僕以外の教師にも叱られる。部活動では顧問とある種の師弟関係を結び、担任である僕なんかよりもずっと深い人間関係を結ぶ。彼ら彼女らは僕の影響だけを受けながら学校生活を送るわけではない。そうした思いが僕の恐怖心を緩和させる。逆に言えば、他の学級に、担任教師とはウマが合わないけれど僕とは合うという生徒がいれば、僕もその子に積極的に関わっていくことになる。中学校の担任というものは、自分の学級の生徒に自分以上に関わりの深い教師がいたとしても、寂しさを感じることもないし、嫉妬しもしない。そんなことはあらかじめ前提とされている。だから中学校には、学年教師全員で学年生徒の全員をチームで育てているという意識がある。

でも、小学校は違う。自分の担任する学級の子どもたちと一日中一緒に過ごす。良きにつけ悪しきにつけ、その影響力は甚大だ。それが僕には怖ろしい。そんな仕事をすること、そんな仕事を機能させることは人間業ではない、とさえ感じる。

加えて、僕を恐怖させるのは、全教科の授業をしなければならないことだ。僕は中学校の国語教師だが、少なくとも僕は国語の授業をするとき、「僕に国語を習うよりあの先生に習ったほうがこの子には合っていたな……」とは絶対に思わない。だれにもたれるよりも僕にもたれたほうが良いのだと思って授業をしている。実際にそうかどうかはさておくとして、そのくらいの自信をもって生徒たちの前に立っている。道徳においても学活においても総合においても、それなりに教材研究をして臨み、基本的には同じような感覚で生徒に授業をしている。ついでに言えば、学校行事に取り組む場合にも、僕は学校祭にしても合唱コンクールにしても体育的行事にしても、それなりにスキルを身につけている。若い頃から、これらの行事がある以上、そのスキルは身につけなければならないと感じて、自分なりに研鑽を重ねてきた。実際に機能しているかどうかはさておくとして、そのくらいの自信をもって生徒たちの前に立っているのだ。

しかし、全教科を担当するとなると、そうは行かないはずだ。僕は自分が図工を教えたり理科を教えたりということが想像できない。少なくとも僕が自信をもって子どもたちに図工や理科の授業をすることは僕には考えられない。自信をもっていない教科の授業なのに子どもたちの前に立てる、そのメンタリティさえ想像することができない。実は僕は、著述活動や研究活動においても、自分がよく知らないことについては発言しないことを信条としているタイプである。安易な発言は、それを真剣に考えている人やそれに関わって生きている人に申しわけないと思うからだ。なかにはそういう専門外のことに関しても、堀先生ならどう考えるのかと発言を求める人がいるけれど、僕は「それに関しては考えたこともないですから勘弁してください」と断ることにしている。僕にとって、小学校教師の授業は専門外についても安易に発言してしまうこととイメージが重なる。

僕は小学校教師を批判しているのではない。ただ僕にはできないと言っているのだ。そしておそらく、こうした違いにこそ、小学校の教師と中学校以上の教師との質の違い、教育観の違いがあるのだろうと感じている。おそらく小学校教師には、僕が大切にしているもの以上に大切にすべきもの、優先順位の高いものがあるのだ。多くの小学校教師にとっては腹立たしく思われることも多く書いたと思うが、小学校教師にとっても、少なくとも中学校教師から見たら自分の仕事がこう見えるのだということは、知っておいて損はないように思う。

二　縦軸（時間軸）と横軸（空間軸）

僕が小学校四年生のときのことである。昭和五一年だから、かれこれ四十年近くも前の話だ。

僕らの担任は四十代後半のとてもいい先生だった。僕らの学級はとても仲が良く、お互いに「くん」「さん」をつけて呼び合い、先生からなにか頼み事があれば我先に立候補するような学級だった。だれ一人悪いこともせず、だれ一人生活上の指導を受けることもない。生活態度が良く、授業態度も良く、ひとたび教師の発問が投げかけられれば我先にと競い合って手を挙げた。

ところが五年生に上がるとき、この先生が転勤してしまう。学級編制はなかった。新しい担任は二十代後半の若い先生だった。新しい先生は前の先生のやり方は嫌いだと言った。僕らは前担任との運営方針の違いに不満を抱いた。なにかにつけ、新しい担任の先生に不満をぶつけた。三カ月も経った頃、僕らの学級は荒れに荒れた。理科の授業で育てている球根はだれも世話をせず、ほとんどすべての球根を教室の後ろの棚で腐らせ、蛆をわかせた。授業中は何人もの子どもが床に寝ていたり、後ろの棚の上で寝ていたり、学級の体をなさない状態になった。

それから四十年が経った。いまの僕にはわかる。四年生の担任の先生は左翼系の先生だった。しかも一般的な教職員組合とは別の組織をつくる、職員室では少数派の先生だったのだ。僕らが受けた教育はきっと教育ではなく、洗脳だったのだと思う。それに対して、五・六年の先生は至極真っ当な感覚をもった先生だった。この先生の名誉のために言っておくが、この学級は五年生の後半には落ち着き、最終的にはとても良い二年間を過ごさせてもらった経緯がある。

言っておくが、僕は思想的な差別をしているのではない。左右どちらにも「洗脳教育」はあり得るし、どちらかと言えば右翼系（と言っては語弊があるが）の教師に洗脳されたほうが子どもたちのその後にとって実害は大きいかもしれないとさえ感じる。そういうことを言いたいのではなく、一人の担任が行う教育というものは、いかに優れた教師、視野の広い教師が行ったとしても、学級経営が成功すれば、そこには「洗脳」の側面があるのではないか、と言いたいのだ。

いかなる教師も、曖昧とはいえ、あり得べき学級像というものを必ずもっている。それが「仲の良い学級」であろうと、「やるときはやるという学級」であろうと、「学力形成を重視する学級」であろうと、「マイノリティを大切にする学級」であろうと、そこには担任個人の正しさ、担任個人の嗜好が巣くう。「学級経営の成功」とは学級担任にとって、いかなる場合においても「自分という教師が居心地の良い学級」になる、「自分という教師がやりやすい学級」になることを前提的要素としてもつ。これは人間の性《さが》である。いかなる担任もここから自由にはなれない。多くの小学校教師にこの自覚があるか。おそらく僕はこう問いたいのだろうと思う。

中学校の学級経営は、週に二十時間以上にわたって他の教師が入ることがあらかじめ前提されて行われる。僕は国語教師だから、例えば中学一年生を担任すれば、僕の他に社・数・理・音・美・男体・女体・技・家・英という、実に十人の教師が担任する生徒たちを受け持つことになる。当然、なかには授業を成立させるのに四苦八苦するような力量の低い教師もいる。そういう教師もいるというよりは、十人中四人程度は力量の低い教師であることが一般的なほどだ。中学校の学級経営はそうした教師の授業でも成立するような学級運営をすることがあらかじめ前提されているということだ。僕は小学校教師の先生方、特に高学年を担任する先生方に問いたいのだ。自分の学級経営は、例えばあなたの学校で毎年のように学級崩壊を起こしている力量の低いと目されている教師が、週四時間、あなたの代わりに国語を担当したとしても成り立つ学級であるかと。もしも「それはちょっと……」と思うようならば、あなたの学級経営には「洗脳」の側面があるのではないかと。

最近の小学校では、高学年担任を希望する教師が少ないと聞く。高学年専門のような教師がどの学校にもいて、毎年崩壊後の六年生を担任したり、六年生を卒業させては五年生をもち、その子たちを卒業させればまた五年生という動き方をしたりする教師がいるとも聞く。高学年は授業時数も多く、学校行事では中心的な役割を担わなければならないから、そうした教師は職員室でのステイタスも高くなる。しかし、高学年の担任を希望する教師が少ないのは、おそらくこの多様化社会において高学年を洗脳しきれる自信をもてない教師が多いからなのだ。そして毎年のように高学年をもつ職員室ステイタスの高い教師たちは、簡単に言えば高学年の子どもたちでも洗脳しきれる自信をもっている教師たちということなのだろうと思う（高学年にもなるとそう簡単に洗脳できるものではない、子どもをなめるな、と反論したい向きもあるかもしれない。しかし、その反論は無効である。中学校教師である僕は、中学一年生がいかに洗脳されやすいかをよく知っている。中学校では一人の教師があまりにも大きな影響を与えないようにと、一年生を担当するときには意識的に気をつけるほどだ）。しかし、そうした小学校で見られる暗黙の役割分担を僕はとても危険だと思う。

しかも更に問題なのは、そうやって高学年を専門のようにしてきた教師でさえ、高学年を洗脳しきれず、学級を崩壊させる教師が年々増えていることだ。中学校に勤務しているとよくわかるのだが、かつてと異なり、小学校六年生時代の二校五学級のうち四学級が崩壊していたとか、四校十学級のうち六学級が崩壊していたとかいうことが珍しくなくなってきている。僕は高学年専門とされる小学校教師たちに言いたいのだ。「もう無理なのではないですか?」と。「あなたごときが一人で洗脳できるほど、多様化社会、高度消費社会の子どもたちは甘くはありませんよ」と。「これからその傾向は強まりこそすれ、決して弱まることはないのですよ」と。

いま、小学校高学年にはシステム改変が必要とされる時期が訪れている。学級担任制から教科担任制へと移行するシステム改変の時期がである。小学校低学年から中学年に全人的な教育が必要とされ、母親のように面倒をみる担任教師が必要であることは僕にも理解できる（四年生はちょっとあやしい。おそらく過渡期である）。しかし、高学年は違う。もう多様な教師に学び、多様な教育観に触れながら、それらの矛盾も目の当たりにして世の中の構造を学び始める時期になっている。時代が変容し、ひとりの教師から学ぶこと以上に、各種情報メディアから多様に学ぶ機会が保障される昨今にあって、いかに人としてバイタリティがあろうと一人の教師が洗脳しきれるような発達段階傾向ではなくなっているのだ。

小学校では、僕が小学校四年生から五年生のときに経験したように、「次年度に崩れる子どもたち」が問題になっている。次の年度の教師のキャラクターや方針の違いに子どもたちが戸惑っていることから起こる現象と考えられる。この二人の教師、複数の教師のキャラクターや方針の違いが年度をまたいで問題を生じさせるというのは、中学校教師から見ていかがなものかと思う。

小学校は一人の担任教師が良きにつけ悪しきにつけ学級に大きな影響を与えるから、次の年度の担任教師が現れて、初めてその差が意識されることになる。いわば縦軸（時間軸）による教師の比較がこうした現象を起こすわけだ。教科担任制ならば、常に複数の教師が同時に子どもたちの前に現れるので、教師それぞれの違いは横軸（空間軸）で比較されることになる。複数の教師の違いを目の当たりにすることには、実は大きな教育効果がある。方針やキャラクターの異なる人人が目の前に同時に現れることを通じて、子どもたちが学ぶべきことは多い。それが縦軸による比較でトラブルになりがちというのではひどくもったいない話だと僕は思う。

（堀　裕嗣）

第三章　同調圧力の構造

「どの子も違うように」育てる視点を持つ

一　学生への講義で

大学で講義をしていて、学生の声の出ないこと、発言の少ないことに少し苛立っていた。音読などは、発声法を指導しても最後は小学生の足下にも及ばない。小学生相手ならいくらでも自分のペースへ持っていけるのだが、どうもうまくいかない。後で感想を見ていると、意識はきちんと持っているのに、なかなかうまくいかないものだなと、考え込んでいた。

すると、ある学生の感想の中に次のようなフレーズがあった。

「歌舞伎の台詞、これは面白いと思った。……講義中に読む時は、ノリノリでやると白い目で見られそうなのでできないが……。」

なるほど、そういうことか。小学校高学年では必ず頭に置いていたピア・プレッシャー（同調圧力）である。それが、大学でもあったということだ。

同調圧力は、母親同士にもある。ドラマ『マザー・ゲーム―彼女たちの階級』（二〇一五年）でも、ママ友カーストと共に表現されていた。いや、元々は労働争議から抜けることに対するプレッシャーとして出てきた言葉だ。古い話になるが、子役の瞳の美しさが評判だったイタリア映画『鉄道員』（一九五六年、監督ピエトロ・ジェルミ）でストライキ破りをした父親は、周りから冷たい仕打ちを受けていた。昔から、男女ともに存在していることではあるのだ。まして学生同士においてや、であろう。

おそらく学生たちは、それが同調圧力であることには気づいていないだろう。

「人と違ったことをしないように、目立たないように気をつける」ということは、周りに同調していかねばならないというプレッシャーから逃れられないということである。

二　いくつからの同調圧力なのか？

赤ちゃんには同調圧力はかからない。自分の体調や感情でいろいろなことを表現してくる。生まれつきそういうものを持っているというわけではないのだ。

一年生を担任しているときは、同調圧力など感じたことはない。一年生は究極の自己中。何に対しても「ぼくが……」「わたしが……」と前に出てくる。周りを気にして言わないなどということはない。たまに引っ込み思案の子どももいるが、多くの子どもたちは自分のことしか考えてはいない。

それがいくつからああいうムードになっていくのだろうか。はっきりしているのは高学年からだが、グループというものを強く意識しはじめる三年生の中頃くらいから現れてくるのではないだろうかと考える。

「空気を読めよ」とか「空気読めないな、こいつ」なんて言葉が出てくると、同調圧力につながっていく。

さらに、教師が空気の読めない子どもを笑ったりからかったりすると、子どもたちは同調圧力への意識を強くするだろう。

空気を読まない人間は、教師や仲間たちにバカにされて人格否定されるのだと、子どもたちは学んでしまうだろう。

教室で、次のような言葉を使わないだろうか。

「もっと周りのことを考えなさい。」

「みんながこうしようと言ってるのに、どうして君だけ違うことするのかな。」

そういう言葉が、子どもたちの同調圧力を育てていないだろうか。

基本的に日本の学校は、「みんなと同じことをしなさい」という同調圧力をかける場でもあるのだ。

三　教師からの同調圧力

悲しい事件があった。

東京の調布市の小学校で、食物アレルギーのある女子児童が給食を食べたあとに死亡した事件があった。そのときのことを親友が語っている。おかわりを担任が募ったが、だれも手を挙げなかっ

郵便はがき

料金受取人払郵便

名古屋中局
承認

2068

差出有効期間
平成28年12月
31日まで

4 6 0-8 7 9 0

4 1 3

名古屋市中区
丸の内三丁目6番27号
(EBSビル八階)

黎明書房 行

購入申込書

●ご注文の書籍はお近くの書店よりお届けいたします。ご希望書店名をご記入の上ご投函ください。(直接小社へご注文の場合は代金引換にてお届けします。1500円未満のご注文の場合は送料530円,1500円以上2700円未満の場合は送料230円がかかります。)〔税8%込〕

(書名)	(定価) 円	(部数) 部
(書名)	(定価) 円	(部数) 部

ご氏名　　　　TEL.

ご住所 〒

ご指定書店名(必ずご記入下さい。)	取次・番線印	この欄は書店又は小社で記入します。
書店住所		

愛読者カード

－

今後の出版企画の参考にいたしたく存じます。ご記入のうえご投函くださいますようお願いいたします。新刊案内などをお送りいたします。

書名	

1.本書についてのご感想および出版をご希望される著者とテーマ

※上記のご意見を小社の宣伝物に掲載してもよろしいですか?

□ はい　□ 匿名ならよい　□ いいえ

2.小社のホームページをご覧になったことはありますか?　□ はい　□ いいえ

※ご記入いただいた個人情報は，ご注文いただいた書籍の配送，お支払い確認等の連絡および当社の刊行物のご案内をお送りするために利用し，その目的以外での利用はいたしません。

ご氏名《ふりがな》　　年齢　歳

ご職業　　（男・女）

（〒　　　）

ご住所

電話

ご購入の書店名		ご購読の新聞･雑誌	新聞（　　） 雑誌（　　）

本書ご購入の動機（番号を○でかこんでください。）

1.新聞広告を見て（新聞名　　）　2.雑誌広告を見て（雑誌名　　）　3.書評を読んで　4.人からすすめられて　5.書店で内容を見て　6.小社からの案内　7.その他

ご協力ありがとうございました。

たのにその子だけが手を挙げた。めったにおかわりをしない子が手を挙げた理由は、「完食記録に貢献したかったから」だそうだ。そのクラスは「完食連続1カ月」「2カ月」。クラスで給食を残さないという目標を掲げ、カウントしていたらしい。

SNSで、ときどき「完食連続○○日」などという投稿がある。それを見る度に、何か違和感を持っていた。なんのために残さないのかが大切なのであって、完食そのものがめあてになると、それが「同調圧力」になっていかないのだろうか。

教師は、正しいこと、あるべき姿を子どもたちに示す。そのこと自体は悪いことだとは思わないが、正しいことだからこそ、怖さがあると心すべきではないだろうか。

「みんなが目標に向かってがんばっているのに、なんでお前だけ違ったことを言うんだ。」

そんなことが教室で起こっていないだろうか。

「みんながこう言っている……。」

「みんなの気持ちがそろっている……。」

等と、みんなに合わせるべきだと、教師は子どもに圧力をかけていないだろうか。教師のプレッシャーを子どもたちが真似て、同じことを言い始める。

教室というところは、本質的に同調圧力が起こる場所である。希望者が集まってきた集団ではないから、同調圧力によって結束を高めようとする面がある。

そうなると、「みんな」に同調したくない子どもが、「わがまま」だということになって、教室に存在しにくいのである。

「ぼくは違う考え方なんだ。」

「私は私の思うようにやりたいのよ。」

と、声をあげられない状況になるのだ。

四　抜け出すのは簡単ではない

同調圧力から抜け出したいと、多くの子どもが思っている。

「こんなことは間違っている。」

と声に出したい子どもは、きっと続けていきたい子どもたちよりも数が多い。なのに、止めることはできない。同調圧力というのは、怖ろしい集団催眠のようなものである。

心ある大人は、子どもたちに、

「周りなんか気にしないで、思う通りにやりなさい。」

「自分の信じたことを貫きなさい。おかしなことを言う人たちは放っておきなさい。」

というようなことを言う。

しかし、子どもたちの本音は
「大人はそう言うけど、自分がハブ（「省かれる」ことから、仲間はずれにされること）られたって、誰も助けてくれないんだよ。」

というところにある。

同調圧力が良くないことだなんて、ほとんどの子どもたちが分かっている。分かっていて、苦しみながらも同調圧力の一翼を担ってしまっているという子どもの心理をつかまなければならない。周りを気にするのものなのだという前提で、子どもたちを見ていかねばならない。

五　インクルーシブの視点

同調圧力についていけない子どもたちがいる。いわゆる「空気の読めない」子ども、みんなに合わせられない子どもである。高学年になってくると、そういう子どもたちは配慮のない教室では浮いてくる。

だから、発達障碍の子どもたちの多くは、学校でいじめに合う。僕が知っている範囲では、ほぼ一〇〇％いじめの対象になっている。同調圧力は違う存在を認めないからだ。いじめを受け続けた発達障碍を持った子どもたちは、人への信頼をなくし、自己肯定感が低くなる。

インクルーシブ教育というのは、マイノリティの子どもや同調圧力に加わらない子どもたちが存在できる場をつくる教育だ。

同調圧力は、その点においても、大きな問題になる。

同調圧力というのは、仲間と同じでなければならないのだから、多様性を認めないものなのである。みんなに合わせにくい子どもたちは、生きにくい場となってしまう。「どの子も同じように」

ではなく、「どの子も違うように」育てる視点を持たなければならない。

六　職員室の同調圧力

前任校に勤めだした頃、一枚文集を書いて出すと、

「自分だけ、勝手なことをしている。」

「周りのことを考えない。」

と、批判された。

それでも出し続けていたら、あるとき、新人が真似をして一枚文集を出すようになり、後に続く先生がどんどん出てくるようになった。十年経つと、ほぼ全クラスで出されるようになった。そうなると、文集を出していないほうの先生にプレッシャーがかかるようになった。同調圧力が逆になったというわけだ。

ふつうは、職員室における同調圧力は低いところにそろえようと働く。一学年、一クラスだけが目立つようなことをすると、周りとのバランスがとれないという論理だ。いや、それは論理ではない。ジェラシーや怠け者の詭弁にすぎない。しかし、この詭弁はときどき職員室を支配する。この同調圧力が強い学校は、前向きに進まない。人が育たない。悪平等が中心の学校で、人間が育つはずがないのだ。

特に、そういう論理に助けられて教師生活をおくってきた人が管理職になったら、最悪の学校に

なる。自分だけ目立つなというような指導をする。教室に花びんを置くな、一つのクラスだけ花を飾るのはおかしいから。ギターを置くな、みんながギターを使えるわけではないから。教室で勝手に文庫をつくるな、本は学級文庫に同じものを入れるから。

これは、同調指導である。そして、困ったことに、低いところに合わせなさいという指導になる。教育の質は地に落ちていくのだ。

同調圧力の中にのめりこんでいけば、ある意味、楽なのである。個性を打ち出してがんばる必要がないからだ。そして、その中で個性的な者が否定され、新しいアイデアが埋没し、集団として低いレベルに下がっていくのである。

宝塚で過去最大のスターだと言われる柚希礼音《ゆずきれおん》さんが対談番組「サワコの朝」で、述べていたことが心に残る。

トップに立って、全員を引っぱっていこうとしていたとき、みんなで一緒にやっていかなければと思っていたときのことを、「自分の秤ではかってたなって思いました」という言葉。

同調圧力の中では秤は一つしかない。同調圧力にならない集団というのは、いろいろな秤があって、それぞれが自分の秤で考えていくというものではないだろうか。

（多賀一郎）

二つの〈空気〉

一　空気と同調圧力

〈空気〉という言葉がある。この国では、子どもから大人まで〈空気〉を読めない人間が忌み嫌われる。ときにお笑い芸人同士で「空気読めよ！」と叱責させ、ときに戦時中の軍の政策決定を誤らせ、ときに同調圧力として機能し、それを読めない言動をした者をいじめ被害者に貶める。だれもがそれを敏感に察知することを求められる（『空気の研究』山本七平著、文春文庫、一九八三年／初刊行は一九七七年）。

それでいて〈空気〉は流動的で不確実なものだ。〈空気〉を読むのは殊の外難しい。それは「まるでしゃぼん玉ひとつひとつの漂う方向を調べ、予測するようなもの」であり、「移動距離を調べようと定規を近づけた途端、しゃぼん玉は、定規と手が起こす微妙な風を受けて、ふわりと方向を変える」ことさえある（『「空気」と「世間」』鴻上尚史著、講談社現代新書、二〇〇九年七月）。

学校教育において、学級の〈空気〉、学年の〈空気〉が問題視されることはあまりない。教師が高圧的に〈空気〉をつくったとしても、学級や学年全体にある種の雰囲気が蔓延し、それに逆らえない〈空気〉が形成されたとしても、子どもたちは放課後になればその〈空気〉から逃れることができ、解放される。いや、たとえ学校生活の時間内であったとしても、その〈空気〉の影響力を避けたりズラしたりということが可能な時間帯がたくさんある。むしろ問題なのは、学校生活でも一緒、放課後も一緒、夜もケータイ・スマホのメール、ＬＩＮＥのやりとりをしなければならない、小グループ内に形成される〈空気〉だ。彼ら彼女らはこの〈空気〉の影響力から片時も離れることができない。避けることもズラすことも不可能だ。むしろそうした行為こそが「空気の読めない行為」として断罪されることになる。そしてこの小グループ内で形成された〈空気〉の絶対的な影響力、これこそが最も問題視される〈同調圧力〉となる。「現代的ないじめ」もこうした小グループ内の〈同調圧力〉を要因として起こることが多い。

土井隆義は「今日の若者たちの人間関係の特徴に迫るためには、いじめが始まる契機となった個別の事情を探ることよりも、その集団的な行為が継続的に展開されていくダイナミックな過程を探ることのほうが有意義だ」と述べた（『友だち地獄──「空気を読む」世代のサバイバル』ちくま新書、二〇〇八年）。現代のいじめの顕著な特徴として、いじめ被害者が特定の子どもではないことがよく指摘される。男女を問わず、小グループ内において、ＡがはずされていたとＢ思ったら次はＢ、Ｂがはずされていると思っていたら次はＣというように、いじめ被害者がころころと移り変わるのだ。しかも、Ａ・Ｂ・Ｃ・Ｄの小グループにおいてＡがいじめ被害に遭っているとき加害側にまわっていたＢが、今度はＡを含む三人からいじめ被害に遭う。その後、Ｃが被害側にまわったときには、ＡもＢもそのいじめに加担する。要するに、いじめの加害・被害の立場がごく簡単に入れ替わるわけである。

　多くの教師はいじめ指導の過程でこの構造に戸惑う。いじめ加害者として事情を聞いた子どもが被害者を指して「自分だってあの子にいじめられたことがある。これは仕返しだ」と言ってフィフティフィフティを主張したり、「自分だってあの子にいじめられたことがあるのに、それに耐えた。なのにあの子がハズされたときには先生を頼るなんて。これはフェアじゃない」と問題が更に深刻化したりすることがある。小グループ内で順を追って行われるハズシやハブキは、その〈同調圧力〉や〈空気〉形成のメカニズムを教師が熟知していないと、本来は教師が割って入るべきでないコアな友人関係に教師という権力者が「土足で踏み込んできた」と捉えられかねない。いじめ加害者だけがそう主張するなら対応のしようもあるが、いじめ被害者とされる子もこの構えをもっているものだから、指導が大混乱に陥る。そういう事例が多い。

二　上位者の意図と全会一致ファシズム

〈スクールカースト〉という言葉がある。別名〈学級内ステイタス〉とも呼ばれ、現在の子どもたちを学級内・学年内の無意識的な階級闘争に追い込んでいるとされる概念だ。森口朗によれば、その決定要因は「コミュニケーション能力」であり、それは〈自己主張力〉〈共感力〉〈同調力〉という三つの能力の総合力として評価される。〈自己主張力〉とは自分の意見を強く主張する力、〈共感力〉とは他人の立場・心情に理解を示す力、〈同調力〉とは周りのノリに自分をあわせられる力を指すが、とりわけ現代の子どもたちが最も重視しているのは〈同調力〉であると言う（『いじめの構造』新潮新書、二〇〇七年六月）。

〈同調力〉は子どもたちにとって、〈場〉の雰囲気を形成したりそれを盛り上げたりする能力であり、延《ひ》いては〈人間関係〉を調整し得る能力であると捉えられている。いや、子どもたちだけでない。大人社会においても無意識的にそう評価される能力と言っても過言ではない。バラエティ番組に代表されるような、「場の空気」に応じて他人に対してボケたりツッコミを入れたりしながらその〈場〉の雰囲気を盛り上げていく、そういう能力だ。常に明るい雰囲気を形成する能力と言えばわかりやすいかもしれない。ある意味、現代的なリーダーシップには不可欠と考えられているほどだ。おそらくここには潜在的に、「瞬時に〈空気〉を読む力」と「その〈空気〉に応じて的確に会話を展開する力」とが内包されるはずだ。かなり高度な「コミュニケーション能力」であり、もしかしたら「コミュニケーション能力」そのものとさえ言えるかもしれない。

〈空気〉には二種類がある。一つは、明確な上位者がいて、その上位者がコントロールしようとする方向性を察知して、その方向性に向かって進んでいく、そういうタイプの〈空気〉だ。テレビのバラエティ番組を見ていると、ひな壇芸人と呼ばれる若手芸人たちがよく、「空気読めよ！」と言うことがある。この場合の〈空気〉とは、明石家さんまや浜田雅功、かつての島田紳助といった大物司会者が会話のダイナミズムをつくろうと示した「話題の方向性」のことである。その意味で若手芸人の発言は、その方向に沿う発言なら「空気の読める発言」となり、その方向性に沿わない発言ならば「空気を読めない発言」として叱責されることになる。〈スクールカースト〉の低い子どもたちが、ステイタスの高い学級担任やステイタスの高い子ども（所謂リーダー生徒のみならず、問題傾向グループのリーダーも含めて）の意図に沿った発言をしようとしたり、大物政治家が時事的な問題にいち早く発言して全体の空気をつくろうと試みるのも、基本的にはこの構造と同じだ。

もう一つは、この国に巣くう「全会一致ファシズム」とでも言うべき、反対者や乗り遅れを非難するタイプの〈空気〉だ。山本七平が取り上げた軍の政策決定における反対封じもこれである。教職に就く者なら、職員会議を初めとする各種会議における「合意形成」という名の同調圧力を思い浮かべればわかりやすいかもしれない。表向きは一人ひとりを尊重する故とされ、決定において最後まで反対した者はいなかったという体裁をつくるために、採決は絶対にしない。会議の責任者は反対できない〈空気〉を形成することによって、政策決定会議に勝とうとする。政策を決定しようとする上位者ばかりが悪いのではなく、よく国会で強行採決が行われると内閣支持率が一気に下がることからもわかるように、日本国民の多くがそのメンタリティとして無意識的に身につけてしまっている「業」に近い機能である。このタイプの〈空気〉が最も厄介である。なにせ「全会一致」の体裁はその場のみならず、参加者全員がそれに賛成したことを建前とし、その後、半永久的に反対意見を封じる機能をもつものだからだ。

ここでは、前者を「上位者の意図を汲む空気」、後者を「合意形成のアリバイをつくる空気」と呼ぶことにしよう。

三　上下関係とフラット関係

子どもたちの小グループ内の〈同調圧力〉にもこの両者が顕著な形で顕れ、二つの傾向を示すことになる。小グループにひとりの上位者（〈スクールカースト〉の高い子ども）がいる場合、基本的には他の子どもたちはその上位の子の意図を汲み取り、その意図に沿った動きをすることになる。「上位 - 下位」の関係が明確にあるので、下位の子どもたちは上位の子の意図に沿った言動をしている限りは、その上位の子によって守られることになる。上位の子がグループ外のだれかを攻撃し出したら、それと同じ態度をとれば良い。上位の子の攻撃対象が小グループ内のだれかだったとしても、攻撃のターゲットとなった子以外の子どもたちは上位の子の側に立てば危険を回避できる。それが「いじめ」として教師や保護者の知るところとなり、指導を受ける立場になったとしても、そこには明確な上下関係があるから指導は混乱しない。下位の子が自分を守ろうとすれば、「上位の子に逆らえなかった」と言えば罪が軽減される可能性もある。この手のいじめ指導は割と、スッキリとした解決を見ることが多い。「上位者の意図を汲む空気」による〈同調圧力〉を要因とするトラブル事案にはこのような構造がある。

問題なのは後者、「合意形成のアリバイをつくる空気」を要因とするトラブル事案だ。彼ら彼女らは小グループを構成するメンバー同士に徹底したフラット関係を求める。だれか一人が突出すること、グループ内に「上位 - 下位」関係が形成されることを極端に嫌う。それぞれの特性が顕著だったとしても、だれかが上位、だれかが下位なのではなく、それぞれの個性、それぞれのキャラの違いとして把握される。それぞれが特性の違いをもち、それが絡み合い響き合うことでフラット関係がよりよく機能する、そうした構造が最も良い関係とされる。だから彼ら彼女らは小グループ内で「キャラがかぶる」ことを嫌う。場合によっては怖れさえする。そういう構造がある。

こうした人間関係は、何をするにしてもグループ全員の合意形成を前提として行われる。衝突や軋轢はなによりも忌み嫌われる。グループ構成メンバーのフラット関係を維持したまま、現実的な行動の在り方（例えば「今度の休日には○○に行こう」というような）を決定しなければならないわけだから、だれか一人の嗜好だけが反映されて決定されることは避けられなければならない。しかし、だれも方向性を提示しないのでは何も決まらない。そこで、曖昧語尾を初めとする衝突回避表現によって、探りを入れ合うコミュニケーションが発展する。その一つが「とりあえず」「～ていうか」「～かも」「～っぽい」「～的」「～みたい」といった〈ぼかし表現〉であり、「かわいい」「ヤバい」「ウザッ」「なにげに」といった語の〈もともとの意味の拡張〉であり、「～みたいな？」「～って感じ？」「～ていうか？」といった文末の〈半クエスチョン〉なのだ。電車でよく聞く高校生や大学生の「とりあえず～するかみたいな？」「自分的には～っぽいんだけどなあ」「っていうか、～じゃね？」といった表現は、自分が断定的に判断せず、私はあなたの感受性に配慮していますよという態度の顕れなのである。要するに、衝突を回避するために対立の芽をあらかじめ摘んでおき、フラットな関係を維持しようとする配慮なのである（前出『友だち地獄』）。

　それでも、こういう衝突回避表現の応酬から結果的にはなんらかの方向性が決まっていく。「全会一致」の決定事項が生まれる。そして、ここにこそ激しい〈同調圧力〉が生まれるのだ。全会一致だから、それに異を唱えることはできない。ドタキャンもそう頻繁には使えない。結局、多くは意に沿わない方針にも従わなければならない。しかもだれ一人として心からそれを望んだ者がいないという状況のなかで、その場では心から楽しんでいるフリをしなくてはならない。自分の本心を隠しとおす演技力が必要とされる。サラリーマンの気の乗らない付き合い酒や、ママ友の気の乗らないランチさながらの構造がここにはある。読者の皆さんも想像してみると良い。そういう気の乗らない場というものが、自分をどれだけ疲労させるかということを。それでも、付き合い酒や付き合いランチなら月に一度程度で済むだろう。家庭の事情だ、家族の事情だと言って三回に二回断れば年に数度ということもあり得る。しかし、子どもたちにとっては、これが毎日続くのだ。学校生活も一緒、登下校も一緒、放課後も休日も一緒、帰宅した後もメールやＬＩＮＥのコミュニケーションは続く。原則として、睡眠時間と入浴時間以外にはこの〈同調圧力〉は片時も逃れられない。いや、最近は「防水加工」という技術によって入浴時間さえ浸食されているのが現状だ。「防水機能でお風呂のなかでも安心してスマホが使える……」という謳い文句によって。

　多くの小グループ内のいじめは、なんらかの契機によってこの「出口なき息苦しさ」がはじけたときに起こる。年に数回、「〈空気〉を壊した」「配慮が足りなかった」「自己主張が激しかった」といった、どう考えても集団内では避けられないほんのわずかな衝突や軋轢によって、前回はＡくんがターゲットにされ、今回はBさんがターゲットにされる。そしてこうした構造にたまたま教師が介入することになったとき、「フィフティフィフティだ」「教師の権力を使うのはフェアじゃない」といった子どもたちの発言が顕れ、教師が翻弄されることになるのだ。

（堀　裕嗣）

第四章　今どきの子ども理解

世の中を映し出す今どきの子ども

一　今どきの子どもを理解するキーワード

「今どきの若い者は……」というフレーズは、世代交代が繰り返される度に使われるものだと言ってよいだろう。下の世代に対するやっかみや新しい流れについていけないなどのジェネレーションギャップがあるのだ。僕らも言われてきたし、次世代に対して自分たちも言ってきた。大昔から、毎度繰り返されてきたことである。

ただし、時代とともに変化はあるのだ。否定的に見るか肯定的に捉えるかは別として、時代によって世の中の考え方は変化してくる。当たり前だ。今どき「女は家庭に入っているべきだ」などと、教育現場で口にする人はいないし、「子どもはどついて性根をたたき直さないと」などと公言する教師も学校に存在できない（残念ながら、未だにこの言葉を口にする、時代の遺物みたいな教師もわずかに残っている。絶滅危惧種ならぬ絶滅期待種である）。

十年前には、スマホはなかった。二十年前には子どもが携帯を持つことすら考えられなかった。下宿はシェアハウスに代わり、十八歳以上に選挙権が与えられる。ネットであらゆる情報を瞬時にして自分の部屋で受け取ることができ、同じく世界中に発信できる。

世の中の変化に最も敏感に対応するのが子どもたちである。このように世の中が変わってきているのだから、その変化を一番先に感じ取って生き方をつくっていこうという本能に近いものがある子どもたちは、昔と大きく違ってくるのが、当たり前なのだ。

今どきの小学生理解のキーワードは、「分離不安」・「生活習慣」・「ギャングエイジの喪失」・「SNS」・「二極化」等があげられる。

二　分離不安がなぜ今クローズアップされるのか

小学校に入学したての子ども、幼稚園に入園したての幼児の中に、新年度のスタートのときに「学校へ行きたくない。」と、大声で泣きわめく子どもたちがいる。

これは、今に限ったことではない。感受性の強い子どもは、そうなりやすい。だからといって将来が心配かというと、そうでもないのだ。

保護者がそういう状態の子どもを心配するときに、僕は実例をあげて問題はないということを話してきた。実際、先日僕と飲みに行ったその子は、大きな組織の事務局の人間として立派な仕事をしている。

もともと全ての子どもたちには幼児期から学童期に入るときに、大なり小なりの分離不安が起こるものだ。ところが、今問題になっている分離不安とは、それがいつまでもひどい状態のまま維持されていくものだ。

学校・学級という場が安心していられるようなところであれば、ある程度は解消されるものだが、今の分離不安は親が助長しているから、たちが悪い。

どういうことかと言うと、本来どの子にも生じる分離不安は、親（特に母親）が幼児から離れる機会を意識してつくったり、世話を頼む人間におもちゃ等の代替物をお願いしたり、少し泣いてもしばらくは離れていたりというような、子どもが巣立てるための努力をすることで解消される。

今、分離不安を煽っているのは、その母親なのである。母親が子どもを放したがらない。母子関係が密着しすぎる。そのことによって、子どもの分離不安が激しくなってしまう。そういう現象が起こっている。

修学旅行も校外学習も行けなかった子どもがいた。母親から離れることが不安でたまらないからだ。周りから「こんなことしていたら、結婚もできなくなってしまうよ」とアドバイスされた母親は
「そうしたら、私が一生面倒をみる。」

と言ったそうだ。

母親の作った料理以外は口にできないという子どももいるそうだ。

これらは一種のつきものみたいなもので、校外学習でつまずいて、次から宿泊を伴う学習のできなかった子どもが、中学で立ち直って海外留学をしたという例もある。つきものなら、どこかで落としてあげないと、子どもは母親の愛玩物になってしまう。

三　生活習慣の弱さ

僕は一年生を六回担任したが、年々、子どもの生活習慣がいい加減になってきたと感じてきていた。

自分のことを全くできない子どもたちがたくさんいるのだ。整理整頓は言うに及ばない。ご飯粒が机にいくつも落ちていても、なんともできない。お箸は握り込んで使う（必然的に鉛筆の持ち方はおかしくなる）。トイレがちゃんと使えない。カバンには物を突っ込むだけだし、机の中をそろえることもできない。自分ではまず起きられないし、時間を守ろうとする観念がない。

ところが、それに反して数字を全員が読めるし、ほとんどの子どもが平仮名は書ける。

つまり、親の大切にしていることが違ってきているということだ。お箸の持ち方など、大したことではない、正しく持てなくても何も困らないという発想である。それよりも、数字や平仮名、つまりお勉強に気持ちがいってしまっている。

実は、生活習慣がきちんとできている子ども、整理整頓などがさっさとできる子どもの方が、圧倒的に学力も高くなる。例外はあるが、僕の経験ではそうである。遠回りのように見えて、低学年でお勉強に必死になることよりも生活習慣をきちんとすることの方が、学力の安定にはずっと寄与できるのである。

低学年で徹底的に生活習慣について指導していくことが、子どもの将来において、学習面でも運動面でも精神面でも、重要なのである。

四　ギャングエイジの喪失

中学年の時期は、ギャングエイジと言われてきた。グループになってギャングみたいに悪いことをする時期である。楽しいことである、みんなで悪いことをするというのは。

子どもは本来、悪いことをして、大人に叱られて落ち込んで、そこから少しだけ反省してノーマルに育つものなのである。だから、ギャングになるというのは、中学年の時期の子どもたちにとっては自然な状態なのである。

ところが今は、ギャングエイジになれない子どもたちが増えてきている。学校や学習塾などの過密なスケジュールに組み込まれて、放課後に仲間たちと日暮れまで外で遊ぶということも少なくなってきた。それによってギャングエイジになれないのである。ギャングになっている時間が無くなったと言った方がよいかも知れない。

集団で遊ぶということを、学校でいろんな形でさせていく必要のある時代なのかも知れない。

今どきの子どもたちは、本来の自然な子ども同士の付き合いを経験しないで高学年になるということである。つまり、その段階でもうすでに、精神的にはとても不自然な状態であるということなのだ。

さらにまずいのは、このようなつるんで好き勝手に遊び回りたいという時期に、自分の時間を全

て親が管理してしまい、

「今度はあれをしよう。」

「次には、こんなことしてみたい。」

というような自己決定をする機会が全く奪われてしまうということである。そうやって育った子どもに学校で「自分で考える」学習を強いるようになってきているということを、教師は頭に置いておくべきではないだろうか。

五　ＳＮＳは存在してしまった

ＳＮＳは、ツイッターにフェイスブックやＬＩＮＥをはじめとする、ソーシャルネットワークシステムの総称で、スマホがその媒体となって急速に広がってしまった。

授業参観にきた保護者が、一瞬でＬＩＮＥ等を通じて先生の評判を広げてしまう。もちろん、そんな行為が良いことだなどとは、露ほども思わない。しかし、そういう時代に来たということは認識しておかねばならない。

「でも、やはりそういうことはおかしいんじゃないですか。」

という声も耳にする。僕も、全く同じ意見だ。しかし、私的なセミナーをしているときに、先生方の机の上には、必ずと言ってよいほどスマホが置いてある。そして、ときどき触って何かを調べたり、書き込んだりしている。僕はそれをとがめる気は全くない。非公開の内容に関してだけは、前もってストップをかけるが、今はそういう時代だと認識している。先生たちだって、スマホを講座の最中にいじることに対しては、もう常識化してしまっているのだ。

スマホ片手にセミナーを受講する先生たちには、保護者のLINEに文句をつける資格はないだろうと考える。

スマホはこの世に存在してしまったのだ。SNSも、「持つべきではない」というような建前論では、もう存在を否定はできない。

存在していることを前提とした教育を考えていくべきなのである。そうでないと、さまざまな問題に対応できない。今、一人の部屋に入って夜中までスマホを繰り返すスマホ中毒の子どもたちが増加している。スマホに引きずられて、自分の時間が作れなくなっている。

また、高学年からの友人関係がスマホを介してややこしくなっていっている。LINEやメールは、特殊な言語なのである。手紙のような書いたものでもない。話し言葉に近いが話し言葉のように話しているときの相手の声の調子や表情で伝わり方を感じることもできない。ストレートに言葉だけが相手に届いてしまう言語なのである。

従って、SNSにおける言葉の使い方も、きちんと教育しなければならない。

持つなということよりも、持ったときの危険性や扱い方の意味などを徹底して教えていくべきなのである。そういう教育は、今、少しずつ行われ始めているが、まだまだ小学校から中学校にかけて体系化されたネチケット教育にはなっていないのだ。

ＳＮＳは別の面も持っている。一つは子どもたちの不満やイライラを解消する手立てになっているということ。もう一つは家にひきこもりやすい要素になるということ。不登校の子どもが一部の子どもたちとＳＮＳではつながり続けているということもあるのだ。

六　二極化は全てに渡っている

「格差社会」と言われ始めているが、さまざまな統計が国民の生活の二極化を示すようになってきた。

もっとも学校現場においては、学力差の二極化はかなり前から始まっている。今は特に、貧困家庭は子どもを塾にもやれず、家庭教師をつけることもできず、家庭で親が教えることもできないため、担任の教師がぼんくらだと、学力の格差はますます広がっていってしまうのだ。

貧困で学力がつけられないため、高い学問に届かず、生産性の低い職種にあまんじなければならない。その子どもたち、つまり第二世代が、また同じことを繰り返すという二極化の連鎖が起こっていく可能性がある。

全ての子どもたちに等しい教育を受けられるようにするには、教師がその意識を強く持って、子どもたちを指導していかねばならない。教師は、二極化の連鎖を止める最前戦の砦とならなくてはいけないのだ。


（多賀一郎）

了解不能の〈他者〉

一　危機管理体制と他者意識

人は見たいものしか見ない。人には見ようとするものしか見えない。見たくないもの、見ようとしていないものは、見ないし見えない。

世の〈子ども理解〉の提案に違和感を抱いている。子どもの気持ちを考える。子どもの背景を捉える。子どもの抱える課題を捉える。そのために受容・傾聴・共感のスキルを身につける。どれもこれも正しすぎる。どれもこれも美しすぎる。こうした正しすぎる論理、美しすぎる言葉に囚われすぎると、かえって見えなくなるものが出て来はしないか。

この原稿を書いているのは二〇一五年七月二七日である。今月上旬、岩手県矢巾町で中学二年生の男の子が電車に飛び込んで自殺した。壮絶すぎる自殺の方法、保護者の相次ぐ会見、学校側の後手後手の対応、担任教師の生活記録ノートのズレたコメント、いじめを認定する学校の調査結果、第三者委員会の構成メンバーをめぐる混乱、保護者によるいじめ加害者の告訴……センセーショナルな報道が続いている。特に、報道の出発点が、この男子生徒が生活記録ノートに自殺を示唆したにもかかわらず、担任の女性教師によるコメントに危機感が見られなかったことであったため、また、担任の女性教師が事件後体調を崩してなかなかその証言が報道されなかったことで、ネット上の議論をはじめとして、その注目度が加速度的に高まって行ったという印象がある。対応が後手後手にまわった校長が岩手県教委でかなり高い地位を歴任した人物であったことも、この事件の注目度の高まりに拍車をかけた感がある。

後に担任教師は、生活記録ノートにいじめ相談があって以来何度か面談を重ねていた事実を公開し、男子生徒の「心情を前向きに転換したと認識していた」旨を証言しているようだが（「河北新報」二〇一五年七月二七日）、担任教師はこう見たかったのであり、こう見ようとしていたからこそう見えたのだ。この証言が事実なら、担任教師にも〈子ども理解〉の視点はおそらくあったのではないか。自分なりに子どもの気持ちを考え、子どもの背景に目を向け、子どもの抱える課題に思いを馳せ、受容し傾聴し共感しようとしていたのではないか。

おそらく最も大きな問題は、それが「自分なりに」であったことだ。この担任教師は、この男子生徒の訴えを学年・生徒指導担当・管理職に報告しなかったと報道されている。もしも「人は見たいものしか見ない」「人には見ようとするものしか見えない」ということをこの担任が経験的に実感していたとしたら、いじめ相談があった時点ですみやかな報告が行われ、複数の視点でこの事案を調査・分析しようとしたはずである。また、学校運営者側にこの認識があったなら、担任教師が報告義務を怠るなどということがないくらいに、日常的に報告義務を複数の目で見ることの必要性とともに説いただろうと思うのだ。おそらくこの事案にはそのどちらもがなかったのである。

僕はこの事案を例にして、学校の危機管理の徹底を提案したいのではない。この事案を批判するためにこの件を取り上げているのでもない。一般的に教師という人種が「子どもたちは〈他者〉なのだ」という認識が甘いのではないかと主張したいのだ。子どもの気持ちを考える、子どもの背景を捉える、子どもの抱える課題を捉える、そのために受容・傾聴・共感のスキルを身につける、この正しすぎ美しすぎる言葉たちについて、〈他者〉に対しては究極的にはあり得ないのだという認識が稀薄なのではないか、そう主張したいのだ。こうした認識をもっていれば担任は自分の眼を絶対視しない。そこに危機意識をもっていれば、必然的に報告義務を怠らなくなる。こうした認識をもっていれば、学校運営者側も危機意識をもって、日常的に複数体制の指導の在り方を強化するはずなのだ。

もしもこの学校において大小かかわらず生徒指導事案が複数体制で行われるシステムが敷かれていたならば、常に学年教師で意見交換しながら対応していくという雰囲気が醸成されていたならば、この担任教師だって報告しないなどという選択肢を思いつきもしないくらいに、報告するのが当然という動き方になっていたはずなのである。こうした組織的な対応を行政的な上意下達の危機管理体制として指示したり指導したりしても、人は動かないし動けない。人が見たいものしか見ないし、見ようとするものしか見えないということは、取りも直さず、だれもが深刻な危機管理事案などというものは「自分には起こらない」と感じてしまうからだ。

危機管理対策というものは、上から言葉で指示しても何の意味もない。せいぜい行政や管理職のアリバイづくりになるという程度だ。しかし、それは言葉というものを信用しすぎているのだ。管理者側も部下の教師たち一人ひとりが究極的には理解不能な〈他者〉であり、その理解不能の〈他者〉たちが子どもという理解不能な〈他者〉たちに接しているのだという構造を理解しなければならないのだ。危機管理体制は現場の日常に、現場人の日常感覚に溶かし込み、もうだれも疑問を感じないくらいのシステムにまで高めてしまわなければ機能しないのである。僕が教師という人種（管理職や行政も含めて）の「他者意識の希薄さ」を指摘するのはこうした意味なのである。

危機管理においてだけは、絶対に言葉の指導など信用してはならない。たとえ日常的にいかに信頼できると感じている部下でさえ信用しない、そうした基本姿勢を旨とするべきなのだ。これは他人を信頼するか否かという情緒的な話ではない。どんな無能な人間であろうと、ふだんなにも考えていないような人間であろうと、惰性で動くようなそういうシステムを日常の仕事の作法のなかに溶かし込んでしまうことが必要なのである。命を守るということはそういうことである。僕は危機管理に際してこの視座をもたない管理者を「無能」と呼んでいる。

二　〈子ども理解〉論と結果論

先日、『絶歌　神戸連続指導殺傷事件　元少年A』（太田出版、二〇一五年六月）を読んだ。この文章がほんとうにかつて酒鬼薔薇聖斗と呼ばれた元少年が書いたものなのか、それともライターがインタビューをまとめたものなのか、僕は知らないし、興味もない。この本の刊行が六月二八日に設定され、少年が逮捕された日と同日にするという反吐が出るような演出が施されているところを見ると、かなり出版社側の意図が入っていると想像されなくもない。

僕の人生において二人だけ、どうしても僕の想像力の及ばない究極の〈他者〉がいる。わけがわからないのだ。一人は姉妹をナイフで刺し、性的暴行を加えた後に、ベランダに出て煙草をゆっくりとふかしてからトドメを刺したとされる山地悠紀夫であり、そしてもう一人が、この酒鬼薔薇聖斗である。どちらも若者にしては犯行の瞬間に冷静さが感じられる。パニックのイメージがない。宮崎勤の事件にも佐賀バスジャックにも附属池田小学校事件にも秋葉原無差別刺殺事件にも、犯人には犯行当時のパニックが感じられる。しかし、この二件はそうではない。特に当時十四歳の少年であった酒鬼薔薇聖斗には、中学校教師である僕としてはどうしても思い入れが強くなる。この少年の心象を知りたい、理解したいと思ってしまう。そんな経緯があって、僕はこの本を刊行と同時に買って時間を忘れて読みふけった。

内容的には、退院後の出来事を回想しながら「人間少年A」をアピールしようとする意図のもとに書かれた本であり、その犯行動機もわかりやすく、要するに一般人の想像力の及ぶ範囲内に矮小化して叙述されているという趣である。それはそれで価値がなくはない。本人も編集者も亡くなった祖母の仏壇の前で自慰行為に及ぶ場面が最もセンセーショナルであると認識しているようだが、そんなものは多くの文学作品の描いてきた想像力の範疇にある。しかも、そんな場面だから本人の記憶も曖昧で分析が的確でないのだろう、この場面は具体的な描写になり得ていない。確かに祖母の死が犯行動機の一因にはなっているのだろうが、それを契機に少年が変容していくことに説得力をもたせきれていない。

　しかし、一箇所だけ、僕をゾッとさせた描写群があった。僕が最もこの少年の本質に近いと感じたのは、初めて意図的に猫を殺す場面の描写だ。この具体性は実際にそれをやったものにしか語れない。そういう具体性の迫力が僕をゾッとさせたのだと思う。猫殺しでこれなのだから、殺人の描写の一切をカットしたことは、本人にとっても出版社側にとっても賢明な判断だったと思う。もしもそれらが語られたら、遺族だけでなく一般読者も耐えられないだろう。末尾近くに事件のさまざまな映像を回想するシーンがあるのだが、そのなかに「首のない淳くん」という叙述がある。この叙述でさえ、僕は猫を殺す描写から感じられる冷静さとオーバーラップして、「ああ、この少年は殺人の場面もよく覚えているのだ。冷静だったのだ」と怖ろしさを感じたほどだ。

　さて、一般に教師や識者が〈子ども理解〉というとき、子どもの気持ちを考え、子どもの背景を捉え、子どもの抱える課題を捉え、そのための受容・傾聴・共感のスキルを身につけることの対象として、酒鬼薔薇聖斗は想定内だろうか。それとも理解不能なモンスターとして、〈子ども理解〉の対象からは漏れてしまうのだろうか。いま、確かに彼は三十歳を過ぎた成人かもしれない。しかし、事件を起こした一九九七年当時は歴とした中学生だったのだ。もしも、それを想定外の子と言うのだとしたら、そういう教師の語る「子どもの気持ち」とか「子どもの背景」とか「子どもの抱える課題」とか「受容」とか「傾聴」とか「共感」とは、いったいどこまでを範囲としているのだろうか。その線引きの基準はどこにあるのか。それとも線引きは結果論として、事後的に行われるものなのだろうか。中学生が自殺したときには「もっと真摯に対応しなければならなかった」と反省され、中学生が猟奇殺人を犯したときには「こんな子は許されるべきではない」と退けられるのか。それで良いのか。少なくとも、教師の〈子ども理解〉論と結果論とは分けて考えられるべきではないのか。

三 〈こちら側〉と〈あちら側〉

僕は先に、矢巾町の自殺事件を例として取り上げ、教師に「子どもたちは〈他者〉なのだ」という認識が甘いのではないか、と指摘した。複数対応で生徒指導に当たり、常に複数の目で子どもを見るべきだとも主張した。学校現場のいじめ対応、自殺予防といったゲートキーパー論で語ったのでこの論理はわかりやすかっただろうと思う。いじめに悩む子、自殺を考えるまでに追い詰められる子に対して、人は想像力を働かせることができる。そうした子どもたちの心象が、自分のなかにもある人間の弱さと呼応するように感じられるからだ。彼らはいわば〈こちら側〉の人間として認識される。しかし、僕が「子どもたちは〈他者〉なのだ」と言うとき、実は酒鬼薔薇聖斗のような〈あちら側〉の人間をも想定している。僕にとっては、〈子ども理解〉において、理解不能、了解不能であるからこそ理解したい、了解したいと思うのは、決して〈こちら側〉と直感されるような子どもたちばかりではないのだ。

実は、僕は五十年近い人生において、学生時代の友人を五人、自殺で失っている。教員になってからも、職場をともにした同僚を三人、やはり自殺で失っている。言っておくが、一般的な印象とは異なり、自殺を選んだ人たちは身近な者にとってみれば、決して〈こちら側〉の人間などではない。一時期、毎日をともに過ごし、笑い、語り合った友人が、なぜ自ら死を選ばねばならなかったのか、僕にはとうてい理解できない。毎日一緒に仕事をし、よく朝方近くまで酒を酌み交わした同僚が、なぜ自ら死を選ばねばならなかったのか、その心象を僕は想像すらできない。いや、僕ごときの浅薄な想像力によって想像しようと考えること自体、その友人たちや同僚たちに失礼な気さえしてしまう。きっと、僕なんかにはとうてい理解し得ない、複雑な事情があったのだろう、そう自分を納得させるしかない。

みんな〈あちら側〉なのである。もしも他人に対して〈こちら側〉の人間だと思えてしまうことがあったとしたら、それは決して「他者理解」などではない。それはあくまで、自分だったらそういう状況に陥ったらこう感じてしまうだろう、こう感じてしまうに違いないという「自己理解」に過ぎない。〈他者〉は永久に理解不能であり了解不能なのだ。自分のなかに生まれてくるすべての「他者理解」は、すべて「わかったつもり」に過ぎない。他人にはひた隠しにする心象をたくさんもっているのが人間である。それどころか、自分でも理解し得ない特性をいっぱいもっているのが人間である。そういう人間というものを、理解できたと思うほうがどうかしているのだ。

〈子ども理解〉も同様である。子どもとは〈他者〉なのだ。理解し得ない存在なのだ。しかし、それを前提とするからこそ、「理解したい」というエネルギーが自分のなかに〈ベクトル〉として湧いてくるのだ。おそらく〈子ども理解〉とは、理解し得ない存在を理解したいという、不可能を可能にしたいという〈ベクトル〉に向かい続けることに他ならない。

（堀　裕嗣）

第五章

授業づくりと学級づくり

授業づくりを学級づくりとリンクさせる

一　年間一〇〇〇時間は大きい

学級づくりとしてさまざまな工夫をしている教室がある。掲示物は充実しているし、刻々と変化する内容だ。「褒め言葉のシャワー」を取り入れて、「クラス会議」も実践している。グループ・エンカウンターも定期的に行い、そのほかの学級づくりの手法もいろいろと取り入れている。熱心な先生のクラスである。教室に一歩踏み入れた若い先生方は

「凄いですね。」

「勉強になります。」

を連発する。

しかし、それだけさまざまな取り組みが行われているにもかかわらず、お世辞にもいいクラスだとは言えないのだ。お互いを傷つけ合う言葉が飛び交い、学習のルールもマナーもいいかげんに感じた。その最大の原因は、先生と子どもとの間にコミュニケーションの成立していないことにあった。

その教師は、勘違いをしていた。子どもを揶揄したりからかったりすることをコミュニケーショ

ンの一種だと思い込み、授業中に子どもを傷つけては自分が笑っていた。それでは、どんな素晴らしい方策を教室に持ち込もうと、学級は育たない。

小学校の教師は、クラスの子どもたちと一日に五時間程度の授業をしている。年間では一〇〇〇時間もの間、子どもたちと授業をしている。この授業中に子どもとのコミュニケーションがなかったら、学級づくりはできないのだと考えている。

毎日顔をつきあわせるというのは、子どもたちにとって大きいことだ。中学校だと、担任が丸一日一度も授業をしないという日もあるのだが、小学校の学級担任とは長い時間おつきあいしなければならない。業間や昼休みならば、自分たちだけで過ごす時間も作れる。しかし、授業ではイヤでも顔を合わせなければならない。その授業において、まっとうなコミュニケーションが成り立たなかったら、そこにいるのもつまらなくなってしまう。場としての学級がつまらないのだから、学級づくりなど、成り立ちようがない。

二　授業のコミュニケーションとは何か

いろいろな学校で若手の授業を参観する機会がある。危ないと思われているクラスに入ることもある。若い先生ならもの足りないところがあったり、子どもの扱いがまずかったりするのは当たり前だ。僕はそんなところには問題を感じない。なぜなら、彼らにはベテランにない若さの特権のようなものがあるからだ。少々技術がまずくても、子どもたちは担任の若さに惹かれていく面があるのだ。

問題に思うのは、子どもの反応に関係なく淡々と予定通りに授業が進んでいる場合である。そういう場合、先生は子どもをほとんど見ていない。どんな表情で発言しているのかを見ていない。子どもと目線が合わないのだ。これではコミュニケーションなど成立しようがない。発言している子どもは、先生からなんの反応ももらえず、周りの子どもたちも無反応。こんな授業が一年近く続いたら、子どもたちはもたないだろう。

僕と同い年の友人が縁あって同じ職場にやってきた。図書室で授業をするので見るとはなく見ていたら、笑顔で子どもたちとやりとりをしている。週に一度しか会わない子どもたちと授業でしっかりとコミュニケーションをとっている。子どもたちも笑顔でそれに応じている。もともと子どもとのやりとりの得意な教師ではあった。

「さすがにうまいなあ」と感心してしまう。

よく一問一答ということが、下手な授業の代名詞としてやり玉にあがる。僕は、社会科などでは、一問一答で八十問くらい続ける授業を仕組むが、一つ一つの一問一答が、一問多答に必ずなる。子どもとのやりとりを大切にしていると、一問一答にはならないものだ。

一つの問いかけに対して、子どもが正しい答えを返したときに「はい、そうです」と、すぐに板書してしまうような授業ならば、完全な一問一答になる。

「今の意見、みんなはどう考えるかな。」

と、子どもたちにもどせば、コミュニケーションになっていく。

それのできない教師が少なからずいる。ネットなどでいろいろと調べてきて授業に持ち込んで楽しそうなものを演出する。いろいろな教育の手法を教室に持ち込んで実践しているように見える。しかし、実際には、子どもとのコミュニケーションのない授業しかできないため、学級づくりもできなくなっていくのだ。

三　授業で子どもをとらえる

年間、三十回ほど投げ込みで授業をさせていただく。大阪・奈良・千歳・石巻・仙台・新潟・西宮・尼崎・伊丹と、いろいろな地域の子どもたちと出会う。僕にはその授業での一瞬の出会いが全てである。だから、子どもたちを追い込むようなやり方は決してしない。無理強いすることが学級担任としては必要なときもある、子どもへのフォローがいくらでもできるからだ。しかし、投げ込みの一期一会の授業ではそうはいかない。

無理に指名して口ごもって止まってしまったら、それをきっかけにして心が引っ込んでいくことにもなりかねない。四十五分間の出会いでは、そういう心の冒険はしてはならないと、心している。

投げ込み授業では、子どもたちとの出会いの一瞬でそのクラスの空気を読まなければならない。伊達に年をとってはいないので、空気を読めたら、自分のペースに引き込んでいく術をいくつか持っている。だから、クラスに合わせて最初の入り方が変わる。

あるクラスでは担任も子どもたちも異様に緊張して僕を待っていた。いわゆる「カチカチ」の状態だったので、これでは自由に意見が出せないと、急遽楽しい音読を二バージョンほど入れた。それで子どもたちが軽くなった。

あるクラスでは少しテンションが上がりすぎていたので、ストーリイテリングをして、じいっと聴き入る状態をつくった。本編の詩の授業のムードに合う入り方ができた。

また、あるクラスでは出会った瞬間に「このクラスは何も無しでいける」ということを感じ取った。すぐに主活動へと入っていった。何の違和感もなかったのだ。

子どもをとらえるのは一瞬である。子どもは待ってくれない。その一瞬でとらえられるようになるまでに、どれほどの失敗と研究を重ねてきたことか。

目の前にいるその子の姿から、子どもをとらえることは、「一種の『教師の勘』ですよね」と、福山憲市が言ったが、「刑事の勘」みたいなものが教師にもあるのだ。

刑事の勘は、思いつきなどではない。熟練の刑事が現場で感じた一瞬のことで事件の概要が推測できたり、犯人像がプロファイルできたりする。それは、永年の経験の積み重ねや、膨大な記憶している資料からの仮説なのである。

同じように、「教師の勘」は、子どもを見る観点をたくさんつくってきた教師が、自分の失敗や成功の経験から感じることである。授業という現場で、一瞬にして嗅ぎ取ってしまうものがあるということだ。

授業中は、ともかくクラスの子どもたちは全員そろっている。クラスという集団と同時に全ての子どもたちを一人一人見ることのできる場でもある。だからこそ、全ての子どもたちをとらえるチャンスでもあるのだ。丸一日授業をして、全員の子どもたちと目を合わせられなかったというのでは、これまた学級づくりなどできるはずがない。

授業中に子どもをとらえるという視点が必要だ。

四　授業づくりの過程への視点

授業づくりを学級づくりとリンクさせていくというのは、小学校教師の視点だろう。一つの教科で三クラス以上も同じ内容を教えに行く中学教師とは、本質的に授業に対する視点が違うのだ。

例えば、子どもたちには極言すると文系タイプと理系タイプがいる。

文系タイプは、国語の読解学習や、社会の文献整理などで力を発揮する。理系タイプは理科の仮説を立てたり、算数の図形などの思考に優れた力を発揮したりする。授業の教材研究や指導過程を作るプロセスで、そうした子どもたちの特性を考えながら仕組んでいく。これらの子どもたちの特性が授業でどう活かされるだろうかと考えていく。

もっと具体的に言うと、協同学習をするときに、理系と文系の両タイプをあえて同じグループに入れることで、グループ内の多様化を図ることもできる。そういうことを考えながら教材研究をするということだ。

また、子ども一人一人の心理状態や精神的な成長などを考えながら、授業づくりをする。

「この問いはA君とBさんには分かりにくいだろう。C君とDさんは、こういうジャンルが得意だから、活躍の場が増えるだろうな。」

そんなことを考えながら授業づくりをするのが、小学校の教師だ。

発達障碍の子どもが教室にいたら、その子の生きにくい特性を活かす方法が考えられる。その子がイライラしなくてもすむようなグループの組み方も考えられる。実際ある学校では、研究授業のグループ分けで、パニックになりやすい子どもの話をじっくりと聞いてあげられる子どもたちをグループに入れて、みごとな聴き合いを成立させていた。


こうした授業を考えていく過程が、子どもたちを授業で生かしていくことにもつながり、そのまま学級づくりへと関連していく。作為的だと批判する方もいらっしゃるかも知れないが、学級という特殊な環境では、放っておいて子どもたちが育つことなどあり得ない。特に未分化の状態の強い小学校においては、教師の個々への配慮や意図的な子どもたちへのアプローチが大切になってくると考えている。

五　授業と学級が一体化する

教師の本性は、授業中に現れる。一つの言葉、一挙手一投足に現れる。子どもたち同士で褒め合う学級づくりの手法を取り入れていても、授業中に教師が子ども一人一人に適切な褒め言葉を出さないのならば、学級づくりと授業は別々の取り組みになってしまう。クラス会議でお互いの話す時間を尊重して聞き合うように指導していても、授業中に教師が子どもの発言を途中でさえぎったり、聞き逃したりしていれば、会議のときに子どもたちがきちんと聞き合いをするはずがない。

教師は、学級づくりとして実施しているあらゆる手法の意義をつかんで、同じことを授業でしめさなくてはならない。学級づくりで言っていることと、授業中に語っていることとの間に齟齬《そご》があってはならないのだ。

同じように、子どもたちが授業でめざしているものが学級づくりと一致していないときは、学級づくりは絵に描いた餅になってしまう。お互いの思いを大切にするクラスというめあてがあるならば、授業中もその思いが漂っているような指導があってしかるべきである。

子どもたちの、クラスの仲間に対する聴き方、反応の仕方、声のかけ方、それら全てにおいて学級づくりの在り方と授業が一致している教室だけが、目標通りの学級に近づいていけるのであろう。

（多賀一郎）

地味で堅実な授業づくり

一　アリバイづくりの授業

中学校の授業の多くは〈アリバイづくり〉である。指導事項は「授業で扱った」という事実が大切なのであって、生徒たちに理解させたかとか、覚えさせたかとか、身につけさせたかとか、要するに授業として機能したか否かは一般に蔑ろにされる。一度授業で扱いさえすれば、数カ月後のテストでそれを答えられるか否かは生徒たちの努力に委ねられる。もちろん、テスト前に復習プリントを配付して確認させたり、心ある教師であればテスト直前の放課後に学習会を開いて復習に取り組ませたりといったことは行われる。しかしこれらも、どうひいき目に見ても不十分である。

中学校の授業の多くは〈アリバイづくり〉である。しかしこれを中学校教師の責任のみに帰してしまうのは少々無理があるかもしれない。中学校の指導事項は小学校のそれと比べて圧倒的に量が多い。ためしに、どの教科でも構わないから小学校六年生の教科書と中学校一年生の教科書とを比較してみると良い。掲載されている情報量には圧倒的な差異がある。イメージ的には頁数は二倍、一頁当たりの字数も二倍、それらを小学校よりも少ない時数で扱わねばならない。教え漏らしをつくるわけには行かない。そんなことをすれば、入試に影響しかねない。入試に出題された指導事項が扱われていなかったということになれば大問題である。生徒や保護者にとってはもちろん、その教師にとっても学校全体にとっても大きな問題となる。普通に仕事をしようとすれば、システムとして〈アリバイづくり〉に向かわざるを得ない。そういう構造がある。

中学校一年生を担任すると、高学年の二学期末から三学期の指導事項が定着していないことがある。生徒たちに話を聞くと、〝その範囲は教科書が終わらなくて「ぶっ飛ばし大作戦」だったんです〟とのことである。要するに、このままでは教科書が終わらないから、学級担任が「ぶっ飛ばし大作戦」と称して、四カ月分を二カ月で進むというような授業を展開したわけだ。三学期になると、授業参観の日こそワンテーマでおもしろく工夫された授業が展開されたけれど、その他は担任も子どもも一緒になって「ぶっ飛ばし大作戦」に協力していたとも言う。「だって習わないままで卒業したら、次の年に困るでしょ」と生徒たちも笑っていた。確かに、と僕も苦笑いで答える。

僕は「ぶっ飛ばし大作戦」を展開した小学校の高学年担任を批判したいのではない。この語に倣って言えば、中学校の授業は一年中「ぶっ飛ばし大作戦」なのだ。僕は国語科の教師だが、どんなに長い教材、文章量の多い教材であっても、どんなに時数をかけても六時間が限度だ。多くは四、五時間で終えなければならない。そのペースで授業を進めなくては、教科書が終わらない。しかも教え漏らしは許されない。要するに、教科書が終わらないと焦った小学校教師の「ぶっ飛ばし大作戦」が明らかな〈アリバイづくり〉であるのと同じように、中学校の授業の多くが一年中〈アリバイづくり〉に堕しているのだということである。

二　授業不成立の回避

中学校では「授業はできてあたりまえ」と言われる。自分たちの仕事にとって大切なのは学級づくりや生徒指導であって、授業づくりや授業研究ではない。小学校教師が「学級づくりは授業づくり」「学級づくりは授業が勝負」と言って、学校を挙げて授業研究に取り組むのと対照的である。これを中学校教師が教科担任制で、教科の専門家の集まりだからと考えるのは当たらない。授業に対する「できてあたりまえ」という言葉は、授業づくりがしっかりできてあたりまえとか、授業をしっかり機能させてあたりまえという意味ではない。あくまで最低限のラインを下回るなという意味だ。最低限のラインとはなにか。それは、授業を一人で、教科担任一人だけで行え、という意味だ。要するに、他人に迷惑をかけるなという意味である。

中学校はなににおいても組織的な対応をすることを原則としている。生徒指導事案が起これば、すぐに学年教師が複数対応であたる。事案が大きければ生徒指導部による複数対応であたる。学級経営も行事運営も、若い担任が経験が浅くて困っていればすぐに救いの手が差し伸べられる。そういう組織だ。しかし一つだけ、この組織的対応から漏れている領域がある。それが授業だ。ある教師が授業崩壊を起こし、授業不成立の気配が見られたとき、それは授業づくりの問題ではなく、生徒指導事案として認識される。従ってそういう授業不成立を起こした教師の授業には、学年体制で空き時間の教師が張りつき、睨みを利かすことになる。その教師の力量が低いために空き時間をつぶされる側はたまらない。空き時間は校務に取り組む大切な時間である。放課後には部活があり、部員を下校させ、教師がやっと落ち着くのは夜七時半頃である。空き時間が奪われれば、校務の残業は七時半から始まることになる。これではたまらない。

これが生徒指導で空き時間が奪われるのなら、だれも文句を言わない。あくまでそれは生徒たちをしっかりと育てられなかった組織の責任であり、その責任の一端は自分も担っていると感じられるからだ。しかし、授業は違う。多くの教師が五十分という授業時間を四十人の生徒を相手に一人で運営しているというのに、教員集団のなかに力量の低い、最低限の役割を持ちこたえられない人間が出たということは、組織に穴を空けた個人の問題とされる。生徒を育てられなかったみんなの責任とはならない。事実、同じ学級集団を相手に一人で難なく授業を展開している教師が何人もいるのである。授業不成立を起こした教師個人の力量が低いせいだという理屈は成り立たざるを得ない。意識しているか否かの違いはあるが、これが中学校の一般的な感覚だ。

三　忌避される授業研究

中学校というところは、授業づくりの在り方が比較的自由だ。もちろんある学年の生徒たちを複数の同一教科教師でもてば評定資料に何を使うかの摺り合わせくらいは行われるが、それを一斉授業だけで進めるのか、協同的な学習を仕組むのかといったレベルのことは、一人ひとりの教員が自由に選択できる。同一教科の教師同士であっても、他の教師の授業に口は出さない。ましてや、他教科の授業に口を出すことなどまったくと言って良いほどない。他の教師から口を出されるのは授業不成立が常態化し、他の教師の援助を必要とするような状況が生まれた場合のみである。

実は中学校現場に授業研究の機運が根付かないのもここに起因する。授業研究を重ね、授業づくりに精魂を傾け、どんなに良い授業をしたとしても、それが評価されない。淡々とつまらない説明をし、本音では生徒たちから嫌がられている教師がいたとしても、他の教師に迷惑をかけていないという点では同一の評価しか受けない。各教科の教科性に対しては口を出さないという暗黙の了解が、そのような慣習として根付いたものと思われる。各教師の授業の善し悪しを評価してくれるのは生徒たちだけだ。しかし、生徒たちに嫌がられるようなつまらない説明で日々の授業を展開している教師が、生徒たちのそのような思いにアンテナを張っているはずもない。従って、そうした生徒たちの思いは埋もれていき、心ある教師による授業づくりの努力も埋もれていく。授業研究をライフワークとしているようなタイプの教師は、かえって「研究屋」と揶揄され、忌み嫌われる傾向さえある。

このような実態であるから、小規模校に赴任した若手教師が、勤務校に同一教科の教師が自分しかいないという場合には悲劇だ。授業づくりの在り方を教わる機会がないばかりか、すべての学年の授業を自分一人で担当することになるから、教材研究も大規模校に勤める教師の三倍である。こうなると、俗に言う「流す授業」が日常的になっていく。どんなにやる気のある意欲的な若者であったとしても、時間的にも能力的にも不可能なのだ。環境が「流す授業」を生成させると言っても過言ではない。

地方の中学校若手教師の一番の苦しみがここにある。小規模校は職員室の人間も少ないから、中学校特有の組織的な生徒指導、組織的な役割分担も機能しづらい。大規模校に比べて一つ一つの仕事に戸惑いが大きくなる。わからないことがあっても教えてもらえない、助けてもらえない、授業については口を出されない、地方の小規模校に新卒で赴任すると、そういう状態で数年を過ごすことになる。授業づくりの在り方が自由であるということは、実は授業づくりに関しては〝人を育てない〟ということでもあるのだ。

しかし、学級づくりや生徒指導は違う。組織的な対応を旨とし、若者たちにとっても先輩教師の動き方が見える。見て盗むこともできるし、教えてもらうこともできる。先輩の仕事の在り方に感心する機会も多いし、反面教師から学ぶ機会も多くもなる。学級づくりや生徒指導、特別活動に一緒に取り組むことによって、教師同士の人間関係も醸成されていく。次第に意識が授業づくりから学級づくりや生徒指導に向かうようになる。こうして授業づくりを蔑ろにし、大切なのは学級づくりだ、生徒指導だと考える中学校教師が拡大再生産されていく。

四　最低限のコミュニケーション能力

それでも、このような現状でありながら、中学校には授業不成立ということが極端に少ない。ここまでを読んだ小学校に勤める読者は、もしかしたら、中学校に授業不成立の教師がある程度いるようにイメージされたかもしれない。しかし、決してそうではない。二十一世紀に入ってからの十五年間で、僕が授業において他の教師の応援を必要とする教師を見たのはたった二人である。僕はこの十五年間のうち、十一年間は大規模校に勤めていたから、おそらくかかわった教師は二〇〇人をゆうに超えるはずだ。しかも決して落ち着いた学校にばかり勤めていたわけではない。なのに、そのうち二人である。一パーセントだ。小学校のそれと比べたら、明らかに少ないはずである。

僕はこの要因として、二つの理由があると考えている。

一つは、中学校教師が同僚の学級経営や同僚の生徒指導を毎日のように見ているということだ。特に他人の生徒指導を見ていることは殊の外大きい。生徒指導とは説教ではない。説得であり、説諭であり、共感であり、かけひきである。要するに、コミュニケーションのすべてがそこにあるのだ。これを中学校教師は常に複数体制で行う。力量の低い教師は力量の高い教師の説諭の在り方を常に見ている。力量の高い教師は、力量の低い教師が説諭しているのを観察していて、ここは生徒に通じていないなという場面では即座に割って入り、「いいか？　〇〇先生はこういう意味で言ってるんだぞ」とフォローを入れる。そのフォローから力量の低い教師は、自分の言い方の不備に気づくことになる。こうしたやりとりで無意識的に学んだことが、授業においても最低限のコミュニケーションの成立を保障しているのではないか、そう感じるのだ。

もう一つは、同じ授業を別の学級で複数回行うということだ。小学校教師にはにわかに信じがたいかもしれないが、中学校教師には抽象的な事柄をわかりやすく具体例を上げながら説明することに長けている者が多い。専門教科のみを授業しているわけだから、もちろん、ある程度は知識をもっているからということもあるだろう。しかし、多くは、同じ授業を三〜五回程度（五教科の場合）繰り返し、最初に授業をした学級から最後に授業をする学級に至るまでの間に、少しずつ授業を修正しているのである。僕は現在、三年生五学級をもっているが、僕のようなベテランでも、一時間目の授業と五時間目の授業とでは、かなり細かい説明の仕方が修正されている（ただし、四回目、五回目と同じ授業をしていると、説明するのに飽きてくるため、最も良い授業になるのは三回目あたりである場合が多い・笑）。

双方とも、小学校にはない現象である。多くの中学校教師は校内研究や公開研究会などの、所謂「授業研究」には関心を示さない。しかし、実は多くの教師が生徒とのコミュニケーションの在り方を日常的に学び、たった一人の日常的な授業研究を意識的に行っているのである。小学校教師から見れば中学校教師の授業は、学習活動を中心としたダイナミックな展開がなく、そのほとんどがひどく地味だろう。しかし、中学校教師はアベレージの高い〈確かな言葉〉を使うことが多いのだ。

全国のセミナーで模擬授業を参観して講評することが多い。その多くは小学校教師だ。僕は中学校の国語教師なので、講評する模擬授業も国語の授業であることが多いのだが、小学校教師の授業は活動を入れなければという意識が強すぎるためか、必要のないところに音読を入れたり、これまでの授業展開とはつながらないクイズ形式を入れたりといったことが多い。要するに、無意識のうちにネタ主義の授業展開になっていることが多いのだ。その結果、なにをやっているのかわからない、一時間の授業に一貫性がないということが多々見られる。それに比して、数少ない中学校教師の授業は、地味で堅実で、やりたいことをストレートに扱う。授業を安定的に成立させるのは、ネタや活動ではない。それらは、最低限のコミュニケーション能力を前提としたうえでないと機能しないのだ。

（堀　裕嗣）

第六章　学年づくりと学級づくり

「チーム」という考え方

一　小学校では学年の発想が弱かった

小学校の教師は長いこと学級王国でやってきた。一日に授業で五時間もクラスの子どもたちと過ごし、生活も全てめんどうを見る。専科の数時間以外は、担任以外の教師の入る余地はない。その代わり、全責任が担任の教師にかかってくる。学級王国にならざるを得ないのだ。

行事によっては、学年で行動するが、最後は各々の教室にもどっての指導に落ち着く。学級王国を作りやすい環境だったのである。モンロー宣言をして、隣のクラスには干渉しないという態度が尊重されてきた。他クラスに「口出しする」ことが醜悪なこととして、非難されてきたことだってあるのだ。

学級独立王国という発想は、同時に学年で何かを取り組んでいくという考えが弱くなる。独立王国からEUにはなりにくいのだ。

僕は私学だったが、最初は学年なんて発想はなかった。自分さえ、自分のクラスさえよければ、それで良かった。真面目に働かない教師は辞めればいいとまで思っていた。でも、ある年の三学年で一緒に組んでいた先生が体調を崩して休み、国語も社会も体育も学級づくりも全て独りで切り盛りするしかなくなったとき、学年単位でしか動けなくなった。その学年は、もちあがったのだけれど、再び相担任が問題を起こしていなくなった。途中からまた、独りで学年を切り盛りをした。その子たちを五年生、六年生と担任したのだから、学級別という線は意識もできなくなった。

そのうち、自分よりも若い先生と相担任するようになり、僕が本気でやれば隣のクラスの先生が潰れる可能性を考えるようになった。語弊を恐れずに言うと、昔の公立小学校では隣の先生が潰れても、相担任への影響は少なかった。隣の学級がぼろぼろになっても、募集が少なくなって給料が減ることもないし、学校だって変われるのだから。

スーパーティーチャーの活躍の陰で、「一将功なりて、万骨枯れる」という現象が起きていた例も実際にあるのだ。

しかし、私立小学校ではそうはいかない。学校の評判が落ちて募集が減って定員割れを起こすことが続けば、給料カットだってあり得るのだ。

学級通信を出さない先生と組むと、学年通信という形式にして、隣のクラスの子どもたちの作文も均等に載せていった。子どもたちの姿も、同じように両クラスで出していった。

学級通信を出すという若手と組むと、自分のペースを落としていった。隣が通信を出すと僕も出すというような形で、僕だけがどんどん出していくということをしないようにした。質までは落とせないけれども、少なくとも発行部数で大きな差がつくと、はっきりと目に見えた差になるし、横でどんどん出されると若手にプレッシャーを与えてしまうからだ。

若手に任せた部分については、一切口をはさまなかった。算数のプリントや進め方を任せたら、少々難のあるものが出てきても、何も言わずに「ありがとう」とだけ言った。不遜ではあるが、どんなものを用意されようとも、それなりに活かせる自信があった。たずねられたらアドバイスはしたけれど、責任を与えないと人は育たない。自分で失敗したなと感じて、初めて僕のアドバイスが必要になる。「転ばぬ先の杖」は、教育ではあまり役に立たない。

チームとして機能していくためには、構成メンバーの個性がそれぞれ生きてこなければならない。自分の得意とするところでそれぞれが力を発揮するためにはどうするか、ずっと考えながらやってきた。そして、失敗はなんとかフォローしてきた。

だから、人の心の中だから確信は持てないが、僕と一緒に担任した先生たちは、気持ちよく一年間を過ごしてくれたのではないかと思っている。

二 「チーム」という考え方が必要になってきた

今、多くの公立小学校に指導に行かせていただいて、僕が折に触れて口にするのは

「チームで考えなければならない時代に来ていますよ。」

ということだ。

子どもたちや家庭が多様化している時代だ。誰が言い出して広がった概念かは知らないが、今は何もかもが「多様化」してきている。ニーズも特性も成績も、何もかもである。一つの概念で子ど

もたちをまとめられる時代ではないということだ。

教室の中にいろいろな子どもたちがいると分かってきた。昔からいろいろいたのだけれど、知らないとは怖ろしいことで、それらは全て子どものせいか親の責任にされ、教師が配慮することはなかった（僕もそうだったので、懺悔をこめて書いている）。

今はそうではない。ＡＤＨＤにＬＤ、自閉症スペクトラムなど、さまざまな子どもたちが教室に存在する。学級担任一人の力では対応しきれない現状がある。例えば算数の時間に学年のメンバーでいくつかのクラスを作り、子どもたちに選ばせるというような形をとればいい。

教科や活動に応じていくつかのクラスを子どもが選ぶというシステムにすれば、子どものストレスが少なくなるだろう。

教師の権威が低下してきた。権威そのものを否定する考え方もあるが、僕は権威は必要だと思っている。権力でも暴力でもなく、権威である。昔は学校の先生だというだけで権威があった。親は子どもたちに

「先生の言うことをちゃんと聞いてきなさい。」

と言って学校へ送り出した。

学校で先生に叱られて帰ってきた子どもは、親に隠していた。言うと、もっと親から叱られるからだ。先生に叱られたというだけで、親は子どもに対して怒った。

今は、学校で先生に叱られた子どもが家に帰ってぶつぶつと言う。それを聞いて親が学校へ文句の電話を入れてくる。

先生に権威がなくなると、家庭とのトラブルが増える。保護者は学校に対してさまざまな要求をぶつけてくるようになった。一人の先生では対応しきれなくなっているのだ。

加えて、反発を承知で本音を語らせていただくが、先生一人一人のパワーが弱くなっている。学校に最も適応してきた人たちが学校の先生になってきている。アウトロー的な教師が、見られなくなってきたのだ。パワーの弱い一人の教師では、保護者の多様なニーズには対応しきれない。権威もなく、パワーも足りない教師が独りで保護者の問題に立ち向かっていくことは難しいということである。

力の足りないものは、チームとして結束するしかない。

三　小学校での学年づくりの難しさ

中学教師は、担任しているクラスに一日のうち一度も授業に入れない日がある。朝や帰りのミーティングしか子どもたちと顔を合わせることがない日もあるのだ。さらに、子どもを一つの教科からしか見ることができない。教科担任だからである。

だから、必然的にチーム【学年】として子どもたちを見ていこうとする。構造的にチームにならざるを得ないのである。

小学校の教師はそっくりそのまま中学校の真似をすることはできない。一日に五時間自分のクラスで授業をして、他のクラスで授業をすることはほとんどない。クラスの子どもとの密着度が中学校とは違いすぎるのだ。

チームの考え方を一部取り入れて、部分的な教科担任制を取り入れたり、ティーム・ティーチングを取り入れたりする学校も増えてきたが、十分に機能しているところは少ない。

うまくいかない理由は二つ。

一つは、学級王国体質の強い先生が、どうしても自分のクラスに他の先生が入ることへの抵抗感をぬぐえないからだ。チームというのは、一人一人が自分の考えで行動できなければならない。誰かの命令通りに動くのは、チームとは言えない。お互いに補い合い、助け合っていくというフラットな発想が必要だ。

もう一つは、子どもに関する話題でコミュニケーションすることが日常的に行いにくいからである。これは物理的な時間を確保することと同時に、他の教師に対して自分の持つ子どもの情報を全て開示していくという信頼が必要なのだ。

この二つがどうも小学校の教師は苦手である。一日に五時間も授業で入っていたら、自分のクラスだけに思い入れが生じるのは当たり前のことでもある。学年全体がチームになるということは、本当に難しい。

僕はずっと三年生以上に一部教科担任制を導入している学校で勤めてきた。一学年二クラスで、僕の場合は主に国語と社会を二クラス乗り入れという形だった。この程度の規模ならば、一部教科担任制というのは実施しやすい。規模がそれ以上になれば時数の関係で厳しくなるし、単級ならばそもそもチームにはなり得ないだろう。

その経験から言うと、やはり自分の囲い込み意識をどうクリアするかということが最大の問題だと思う。自分はこの子を理解しているが他の先生たちには分からないだろうという仲間に対する不信感。それを取り去ることが、とても難しい。。建前は「チームなのだから信頼し合わなければならない」ということなのだが、そういう基盤をつくることは、言うほど簡単なことではないのだ。

四　危機意識の共有

「このままではいけない。やってはいけないぞ」という危機意識を共有できるかどうかが大切である。

映画『インディペンデンス・デイ』(一九九六年、監督ローランド・エメリッヒ、アメリカ)の中でエイリアンの攻撃に対して、イスラムもユダヤも含めて世界中の国々が協力して戦った。外敵に対しては仲の悪い者たちでも結束できるということだ。保護者や子どもたちをエイリアンとして敵対するわけにはいかないが、危機感を共有して同じ方向を向いて臨むということが必要なのであろう。

そのためには情報の共有は欠かせない。ただ単に担任の考えを述べるということでなく、子ども一人一人についてのカルテもしくはポートフォリオ的なものを作成し、それは学校の資料として全ての教師に公開されるようなシステムを構築しなければならない。一部の教師だけが情報を独占して「チーム」もあったものではない。

そして、そのための観点を整えるべきだ。指導要録にあげている項目のようなものでは、はっきり言ってだめである。指導要録には先生は当たり障りのないことを書く。子どもや保護者に公開しなければならないものだから、当然そうなる。それでは、チームが共有するべき資料としては物足りない。

もっと具体的かつ現実的なことがカルテには記されなくてはならない。ただ、難しいのは、「三年生の五月からAさんとBさんとCさんがいつも一緒に行動しているが、Cさんが使い走りのようなことをされている」というようなことは共有しなければならない情報だけれども、文章化され記録されてしまうと、危険な情報にもなりうるということだ。学校の中でそういうことに対するコンプライアンスをしっかりと議論しまとめておかねばならない。

基本的な情報を共有しなくて、チームなどということは、あり得ないものだと考えている。

（多賀一郎）

一体感と引き際

一　誇りと責任

六年振りに高村克徳くん、齋藤大くんと呑んだ。高村くんと齋藤くんというのは、かつて僕の学年に所属していた若者たちである。僕が初めて学年主任を務めた学年だ。転勤して一年目のことでもあった。上篠路《かみしのろ》中学校でのことである。しかも彼らは二人とも初めて教職に就いた年だった。四月に出会ったときは、高村くんが二三歳、齋藤くんが二二歳だったはずだ。僕は学年主任というものに試行錯誤し、この二人は教職というものに試行錯誤し、そんな出会いだったように思う。彼らと一緒に満足の行く学年運営をし、僕は四年後にこの学校を去った。その後、彼らとの試行錯誤のやりとりをもとに、『学級経営10の原理・100の原則』『生徒指導10の原理・100の原則』（ともに学事出版）、『必ず成功する「学級開き」魔法の90日間システム』（明治図書）を書いた。この三冊は、その後の僕の人生を変えた三冊だ。変えたというよりも、いろいろな意味で、僕のその後を決めた三冊と言った方が良いかもしれない。たぶんこの三冊がなかったらいまの僕はないし、高村くんと齋藤くんの二人がいなかったらこの三冊はなかった。

それから十年の時が過ぎた。彼らも現在は三四歳と三三歳である。二人ともいまは転勤して、二校目に勤めている。二人ともまだ初めての転勤から間がない。齋藤くんは二年目、高村くんは一年目だ。二人とも上篠路にとても長くいた。齋藤くんが九年、高村くんはなんと十年である。この間、齋藤くんは二度卒業生を見送り、高村くんは三度卒業生を送り出し、最後の年には学年主任まで務めたと言う。二人ともいまは居心地の良かった上篠路を離れて、学校による仕事の作法の違いに戸惑っているふうだった。「あんなに結束してチームで動くというのは決して普通ではなかったんですね……」と二人は口をそろえた。上篠路時代のようにみんなで一緒に動きさえすれば、見違えるように良い方向に進むのに……と感じるような局面を、二人とも新しい勤務校で幾度か目にしたと言う。歯がゆい、とも言う。多かれ少なかれ、初めての転勤というものは一般的にもそういうものだが、この二人は新採用の学校に少し長くいすぎたかもしれない。

ただし、彼らの新しい勤務校でのエピソード一つひとつについて語られる彼らの分析が、僕としてはすべてに納得が行くものだったことも確かだ。七時間ほど一緒に呑んだのだが、そこで語られる彼らの話には僕にも違和感というものが一切ない。ああ、やはりこの二人は自分のＤＮＡを引き継いでいるのだなあ……と大きな感慨を抱いた。彼らは、少なくとも僕の価値観にもとづいて言えば、「素晴らしい教員」に成長していた。それはごくごく簡単に言うなら、自分の頭で考え、自分で判断しながら、自分で責任を取ろうとする教員になっていたということである。

それは嬉しいことでもあるけれど、おそらくはひどく怖いことでもある。要するに、僕の学年経営が彼らのなかにある種の刷り込みとして機能してしまっているということなのだ。僕がその旨を語り、もしかしたら教員生活のスタートを僕と一緒に始めたことによって、しなくても良い苦労をしている面があるのかもしれないよと言うと、彼らは口をそろえて「いえいえ、堀先生と一緒にやれて良かったですよ」と言った。でも、彼らのスタートに僕がいなかったパラレルワールドを彼らが経験することはもう不可能なのだ。タラレバを語っても仕方ないけれど、僕と出会わなかった彼らの教員人生がどのように展開したかなどということは、いくら想像してみたところで絶対にわからない。そして、そのパラレルワールドには確かに良くない面もあったかもしれないが、良い面だって間違いなくあったはずなのである。ただ、それがなんなのかは、彼らにも僕にも生涯わからないというだけのことだ。僕は彼らと話しながら、人生の一回性ということに思いを馳せていた。他人に影響を与えるということの、ちょっとくすぐったく誇らしい感じと、もう二度と取り戻せない時間に対する大きな大きな責任と。

二　子ども集団と教師集団

これが教え子なら気が楽だ。僕という教師に一年や二年担任をもたれたからと言って、それで人生に影響を与えるような大きなことにはならない。教科の学習で教えるべきことを教えなかったということになれば大問題だが、次の年には別の教師に担任され、そのまた次の年には更に別の教師に担任され、担任教師はその良さも悪さも結果的には相対化されていく。子どもたちの多くは柔軟だ。少しくらい学級運営や学年運営のシステムが変わったところで、数カ月もすれば新しいシステムに対応できるようになる。小学校高学年くらいになれば、毎年がその繰り返しであることも理解している。

でも、新採用の教師は違う。教師になった最初の一年にだれと出会ったかが、実は四十年近く続いていく教師生活の作法として定着してしまう。それが基準となってしまう。その重大性を多くの教師が意識していないだけだ。しかも、二十歳を超えると、もう子どものように柔軟ではない。仕事の作法をその場に応じて臨機応変に変えていくということが驚くほどにできなくなる。僕だってこの年になっても、いまだに、新卒時代に僕を可愛がってくれた学年主任や生徒指導担当の先生方の影響を大きく感じることがある。そういうものなのだ。

「学年づくり」と聞いたとき、多くの読者は学年の子ども集団をどう育てるかということをイメージするだろうと思う。でも、それは奢りだ。例えば学年主任（或いは学年主任が頼りにならないと感じている副主任でも良いし、学年主任・副主任にビジョンがないから自分が頑張らねばと感じている中堅・若手でもいい）が一人で理想の学年集団像を描いて、子どもたちをその理想像に近づけようなんてしても機能するわけがない。そこには何人もの教師が関わっていて、そのそれぞれがそれぞれのキャラクター、それぞれの感性で子どもたちに接するのである。一人の理念が一直線に機能するわけがないのだ。

良い学年集団（子ども集団）をつくろうとしたら、良い学年教師集団をつくって、一人ひとりの教師の良さが十全に活きるような環境をつくること以上に機能する手立てなどないのである。そうした学年教師集団運営のなかで経験のない者は成長し、経験のある者は持てる力を活かす。若者は力量がないことをネガティヴに捉えずに、大威張りで成長する機会を保障される。中堅・ベテランは自分のアイディアを次々に提出して、学年を挙げてそれを実現していく。そういう学年教師の雰囲気を肌で感じる子どもたちこそが最も成長の機会を得ることができるのだ。次々に自分のアイディアを楽しそうに実現していく教師たち、自分たちから見てもどんどん成長していくことがわかる若い教師たち、そういう大人たちを間近に見ながら過ごす子どもたちが成長しないなどということはあり得ないのだ。学年づくりとはそういう機能をもつものなのだ。

しかも、このことは理屈として知っていることに何の意味もない。そうした経験をし、そうした実感を得、そうした高揚感を身をもって味わった者だけがその境地に立つことができるのである。そして図らずも、それを基準に仕事の作法を覚え、そうでない作法の仕事に違和感を抱いてしまうのだ。僕は高村くんと齋藤くんにこの構造を見たわけだ。ちょっとくすぐったく誇らしい感じと、もう二度と取り戻せない時間に対する大きな責任とは、そういう意味だ。

三　一体感と引き際

本書でも何度も述べてきたけれど、中学校は教科担任制である。一つの学級に十人の教師が授業に入る。つまり、担任学級をもっても、自分以外に九人の教師が入るわけだ。中規模から大規模の学校であれば、その多くは同じ学年に所属する教師になる。学年教師団がそれぞれの良さが十全に機能するような学年である場合と、そうでない場合とでは、自分の学級づくりに与える影響も異なってくる。教科で入る先生方が自分の学級に次々と良い影響を与えてくれているのを実感できるようになる。

齋藤大くんは数学教師なのだが、自分のクラスの生徒が「大ちゃんの授業、わかりやすくなったよ」などと嬉しそうに報告してくるのを聴いて、「なに、生意気なこと言ってんだ。生徒の分際で教師の授業を評価するなど十年早い（笑）」などと言い返すのが日常になる。保護者と懇親会で会話をしていると、「高村先生、なんだか風格が出てきましたよね」なんていう声が聞こえてくる。子どもであろうと大人であろうと、人が成長するのを目の当たりにしそれを実感するということはとても嬉しいことなのだ。若者が学年の雰囲気づくりに生きるというのはこういうことなのだろうと思う。ついでに言えば、彼らが入って二年目、僕らは職員体育の野球で札幌市で二位になったことがある。小中あわせて全市三三〇校もあるなかでの二位である。僕らが勝ち進むにつれて、部活のない生徒たちまでが観戦のために夕方のグラウンドに集まるようになっていった。ああいう職場の一体感は、やはり経験した者にしかわからない。

学級経営、学級づくりと言うと、なにか学級担任の専権事項のようなイメージがある。しかし、もちろん子どもたちに最も大きな影響力を与え、子どもたちに働きかける機会を最ももつのは学級担任かもしれないが、そうした担任の仕掛けの機能度を高めるのは、子どもたちを取り巻く環境なのである。その環境のなかで最も影響力を発揮するのが子どもたちにとって近しい教師たち、つまり学年の教師集団なのだ。僕が学年づくりで大切にするものとして、学年教師集団を第一義的に挙げるのもこうした意味においてである。

ただし、一つだけ気をつけるべきことがある。そうした一体感のある学年教師集団ができ上がったら、三年から五年でその教師集団を解散することだ。そうしないと、その一体感があまりにも基準となりすぎて、その後が苦しくなっていく。すべての学年教師集団がそのような一体感をもっているわけではない。長く一体感のある場でばかり仕事をしていると、あまりにもその一体感が当然になりすぎ、それ以外の在り方に対して必要以上の違和感を抱いてしまうのだ。いや、違和感程度ならまだいい。目の前で起こるいちいちのことに批判的になってしまい、かえってその組織に悪影響をもたらす存在になってしまうことさえ少なくない。

僕は学年主任がある程度の体制をつくったら、次第にその影響力を意図的に弱めていくのが良いと感じている。学年主任が少しずつ引いていくのだ。学年主任が扇の要となって学年づくりが始まる。それは当然のことだ。しかし、いつまで経ってもその学年主任がいないと学年が運営できないというのでは人は育たない。スタートで扇の要となった人間がいつまでもその立場にいると、その下で働く者は意識的・無意識的にどうしてもその人を頼ってしまうことになる。頼るだけでなく、その人の判断を仰いでしまう。更に言えば、その人がどう考えているのか様子をうかがいながら自分の仕事をしてしまう。扇の要は慣れてくると必ず、無意識に組織を束縛する。それが組織に惰性を生み出す。少しずつ少しずつ、組織のダイナミズムが失われていく。

人は自分の育てた若者をいつまでも手元に置いておきたいと思う。それは人間なら当然の心象である。ツーカーの人間と一緒に仕事をすることほど楽なことはない。しかし、「可愛い子には旅をさせろ」の諺通り、ある程度の力量を身につけた若者は、他の学年集団や他の学校に早く巣立たせてあげるべきなのだ。別の若者を招き入れて再びその成長を楽しみ、子どもたちにも成長する教師の醍醐味を目の当たりにさせればいい。そういう覚悟をもつことが必要なのである。

若者のほうも同様である。ツーカーの上司、自分の意見を確実に採り上げてもらえる上司と仕事をするのは楽しく有意義なものだ。しかし、そうした環境におけるキャリアを積み上げれば積み上げるほど、実は自分の仕事の作法は硬直化するのである。その後、違う組織に移ったときに、自分の提案を採り上げてくれない上司、ツーカーのコミュニケーションを取れない上司に必要以上の不満を抱くことになる。エゴが出やすくなる。これを意識的に避けた方が良い。

僕は若い頃、二・三年専門担任だった。新卒で一年生を担任して後、次に一年生を担任したのは初めて学年主任となった十四年後だった。札幌では、三年生を卒業させると教師集団はその多くが大抵の場合、一年生に下りる。新一学年に旧三学年の仕事の作法が引き継がれる。一学年に下りればまた居心地の良い三年間を過ごせる。僕はそこに参加せず、常に二年生に下りて別の学年集団に所属するということを繰り返してきたわけだ。学年主任によって、或いはその学年主任を中心としたスタッフがつくり上げる雰囲気によって、学年教師団の仕事の作法というものはかなり異なるものである。若い頃にさまざまな仕事の作法を意識的に経験したことによって、僕が得たものは計り知れない。若い頃に組織の空気の違いを身に沁みて味わったことが、僕にとって大きな宝となっているわけだ。

協働とは、一体感と引き際でできている。

（堀　裕嗣）

第七章　語られない失敗事例
――教師の力量形成のために

やはり語れない失敗はある

一　失敗は語られないものだ

堀さんに耽美的だと言われるのを覚悟で書く。

自らの失敗を語るのは、案外難しいものだ。自らのダンディズムとの戦いになる。

さらに難しいのは、子どもに関する失敗は子どもの人生に関わってしまうということ。したり顔で「昔、こんなことがありました」と語ることが憚られる。

僕は失敗続きの教師人生だった。学級でも授業でも失敗だらけで、失敗から得たことを語っていると言ってよいくらいだ。失敗集で単行本が三冊は書ける、誰も読まないけど。この誌面にたらたらと失敗談を書き連ねることはしないが、一つだけ語ろう。

四半世紀も前のことだ。若くて図に乗っていた時期。難しいと言われる学年を持って自信を持ち、真摯な姿勢などかけらもなかった頃のことである。

大きな問題行動をとる子どもがいた。僕は四年生から彼との関係を構築して力を引き出し、学年の仲間として共に歩むところまでいったと思っていた。

それでもときどき大きなことをしでかしては顰蹙を買い、保護者会が役員の動きで糾弾集会になろうとしたこともあった。そのときには

「学級は寄せ鍋です。大根、ネギ、ゴボウ、ちくわ、肉、はんぺん等いろいろな食材が入っています。私はゴボウが嫌いだから取り出すとか、ちくわはイヤだから捨てるというようなことはしません。それぞれの素材の良さを活かして、美味しい寄せ鍋にします。」

と宣言して収めた。

ところが、六年生になったときに彼は不定愁訴を訴えるようになった。ＯＤ症候群（起立性調節障害）のひどいものだったのだろう。朝が起きられず、毎日昼過ぎにやってくる。来たら元気なものだから、午前中の子どもたちの流れなど関係なくいろいろなことに首を突っ込んでくる。もともとトラブルメイカーの素質があるのだから、そういう状況では、攻撃的な態度をとる。そうすると他の子どもたちが

「お前が学校に来ないのは、怠けてるだけだろう。」

等と言って、ケンカになる。そういう悪循環を繰り返していった。さらにいろいろなことが重なって、保護者とも意思の疎通が全くできなくなっていった。

問題の多い学年で受験を控えて僕には余裕がなかった。彼にだけ時間を割くことがあまりできなかった。疲れていたことを言い訳にはできないが、それは僕のキャパの限界を超えていたのだろうとは思う。

結局彼は、病気療養のために四国へ転出することになった。それも決まってから突然の申し出で、僕は正直頭に来ていた。「これだけ一生懸命にやってきたのに、それはないだろう」と思っていた。そこに至るまでの親子の態度に腹を立てていたのだ。お母さんが学校に挨拶に来たとき、最後だから文句の一つも言ってやろうという気持ちで、面会に臨んだ。いきまいていたのだ。

その出会いの冒頭、お母さんは言った。

「先生は、一番いてほしいときに、いてくれませんでした。」

この言葉は僕の心臓を突き刺した。

ほとんどその後のことは覚えていない。ただ頭を下げて

「申し訳ありませんでした。」

と言ったことだけしか記憶がない。

その言葉は今でも僕の心にあって、ときどきちくちくと刺してくる。未だにこの言葉を乗り越えられない自分がいる。

失敗は失敗であって、永久に成功に代わることはないのだ。

二　研究授業の失敗

指導助言の立場で研究会に参加することが多い。研究授業の事後研では、あまり否定的な発言をすることはない。それは忙しい中で時間を割いてがんばった教師に対して、たとえ未熟であろうと

も敬意を表したいからだ。授業者が「授業をしてよかったなあ」と思えるような会にまとめたいからだ。

従って、参加者が取り上げたことを整理したり、話し合いで疑問の残ったところを解説したりするようにしている。たまに授業者の人格攻撃をしたり、悪口を言いつつ自分が偉いんだぞというような話ばかりする自己顕示教師がいると、叩きつぶすこともあるが……。

しかし、ときどき参加者が授業者をやたらと持ち上げて、明らかに失敗した授業なのに見当違いの評価を並べてくるときがある。そうすると、むらむらとこみあげてきて、厳しく「斬る」言葉を口にしてしまうことがある。そんなときは、

「今日の授業がなぜ失敗したかというと……」

と、いきなり失敗だというところから話し始める。

では、授業の失敗とはどういうことを指すのか。

子どもたちが生き生きと発言しようが、黙っていようが、そんなことは関係がない。学習指導案に掲げられた学習目標に到達した子どもたちが八割にも満たなかったら、失敗なのである。その一点につきる。

授業の失敗というのは、子どもが目標に届かないということである。もちろん、掲げられた目標が子どもの実態に対して妥当であったかどうかという吟味はなされなければならない。

どんなに楽しい授業であろうと、子どもたちが生き生きしていようと、どんな工夫や仕掛けがなされようと、研究授業で大切なのは目標への到達度だけなのである。

三　失敗の語れない教師は信用しない

教育は人間の営みである。機械のしていることではないので、間違いは起こる。失敗はあって当たり前なのである。その失敗をどう背負うかで、その教師の行き方が決まる。若手にいつも言うのは、

「あなた方は、何人もの子どもたちを潰していくんだ。意識的にせよ、無意識的にせよ。若いうちは救える心も救えない。育てられるはずの力もつけてやれない。そういうことばかりだ。五年以内で教師を辞めたら、あなた方は子どもを潰しただけで終わるということ。その子どもたちを背負って、その先に出逢う子どもたちをたくさん救い、育てていく。今の子どもたちに申し訳なかったという思いを抱いて、たくさんたくさんの子どもたちを育てていくんだよ。」

ということだ。

登壇したりいろいろな発信をしているカリスマ教師たちの中で、失敗を全く語らない人たちがいる。失敗なんぞ自慢にすることでもないし、それを黙って背負いながら今を真っ直ぐに生きているのなら、それでいいとは思うが、どうも失敗を語れない教師の言うことは嘘くさく感じてしまう。

とは言うものの、セミナー等のパネラーをしていてときどき来る質問

「先生方の失敗を教えてください。」

というのには、正直辟易する。

質問者の後ろにある「立派な先生たちも失敗をしてきたことがあるのだということを知って、みんなの学びにしたい」というあざとさが、見え見えだからだ。

「人の不幸は蜜の味」というが、失敗とは本質的には恥ずかしいことである。自分が場を読んだり文脈で自然と語りたくなるのはかまわないが、第三者から語ってくださいと言われて話すものではないだろうと考えている。この文章を読んだ人は、今後講師陣にそういう質問はしないでいただきたいものだ。

四　失敗を語れない時期がある

若い先生たちの相談にのる機会が多いのだが、いろいろなことがうまくいっているときには僕のところには来ない。行き詰まり苦しんで、まさしく失敗の渦中にいるときにしか来ない。そして、渦中にいるときは、失敗を人に語ることがなかなかできないものだ。

失敗しているときは、教師としてというよりも、人間としての自分を否定してしまいがちだ。それは危ないことなのだ。現場には失敗に対して寛容の精神が薄い。まずいところを指摘して、チェックしては指導を入れる管理職。そういうことしかできないレベルの低い人たちの指導の通りにし

てうまくいくはずがない。

先輩たちも、まとまりのない学級に対して
「こんなことやっていたらダメだ。」

と、叱責する。アドバイスという建前で介入してさらに無茶苦茶にすることもある。

「それは、あなたの教師としての資質の問題だ。」

というような言葉を平気で若手に投げつける。そんな言葉を軽々しく発する教師を教育者として僕は認めない。

また、若手に対して、ベテランと同様の結果を出せとせまる保護者も多くなった。昔は失敗に対しても
「仕方ないな、若い先生だから。」

と、赦してくれた。謝ればなんとかなった。

今は、若いもベテランも関係なく、厳しい要求が来る。「担任を変えろ」ということすら、まかり通るようになってしまった。

失敗は苦しい。失敗していることさえ気づかない鈍感力のある先生はいいけれど、失敗をつきつめすぎて、心まで蝕まれていくことがある。志半ばにして一生の目標として選んだ職場から去る者もいる。

そして、「死」を選んだ者もいる。

「死」の一歩手前で、どうして誰かが踏みとどまらせてやれなかったのか。どうしてそこまで追いつめたのかと思わされた事例を僕は知っている。

ある研究会で堀さんが新卒の子に

「もしも『死』という言葉が頭に浮かんだら、すぐに言ってきなさい。」

と言ったが、まさしくその通り。命をかけて仕事をすることと、本当に命がかかってしまうことは、別次元の話なのだ。

苦しい失敗の時期を乗り越えたらバラ色の人生が待っているかというと、そうはいかない。教師という仕事は、いつまでも苦しいことが多いものだ。ただし、その苦しさを軽く凌駕するほどのやりがいもある仕事なのである。

失敗は渦中にいれば語れないものだ。しかし、語ったほうがいいと思う。先輩に同僚に同期に、語るほうがいい。語るうちに、失敗の本質が見えてくることもあるのだ。

ここまで書いてきたが、たくさんの失敗談を持つ僕にも、やはり語れない失敗がある。永遠に語れないかも知れない。失敗とは、重ければ重いほど、語れないものなのかも知れない。（多賀一郎）

若い教師に贈る四つの言葉

一　成功しようとする人と実験しようとする人と

失敗して落ち込んでいる若者を見ることがある。そんなとき、僕はいつもこう声をかける。

「失敗する人と失敗しない人の違いってわかるか？」

若者は失敗しない人を優秀だからだと思っている。しかし、そうではない。僕はこう説明することにしている。これまで数十人の若者たちにかけた言葉だ。

「失敗する人は、この方法は成功すると思って臨む。だからうまくいかないと落ち込むことになる。でも、失敗しない人は、この方法は実験だと思って臨む。実験には成功も失敗もない。ただ結果があるだけだ。うまくいくという結果、うまくいかないという結果、どちらが出ても一喜一憂したりしない。その結果を踏まえて次を考えるだけだ。失敗しない人ってのは、実は成功する人のことではないんだ。失敗を失敗だと感じない人のことなんだ。」

思い通りにいかないこと、ちょっとしたミス、だれにだってそんなことはあるに決まっている。でも、失敗やミスに際して、その後萎縮するような仕事振りを示したら、その人はそこで終わる。どんなに若くても、どんなに可能性をもっていても、そこで終わってしまう。自分では終わっていないつもりなのに、既にその本質は「もう終わった人」になる。もうその人からは何も新しいものが出て来ない。ミスに萎縮し、挑戦を回避して、慎重を旨に生き始めたとき、職業人としての終わりが始まる。

仕事なんて〈フィールドワーク〉なのだ。いや、もしかしたら、人生さえもが〈フィールドワーク〉なのかもしれない。すべては仮説であり、すべては調査であり、すべては実験であり、それを一つ一つ踏み固めながら検証していくことを「人生」と言うのだ。僕はそんなふうに考えている。失敗は分析するものであって、目の前に立ちはだかる壁ではない。手枷でも足枷でもない。でも、失敗を越えられない壁と感じ、その後の人生に見えない手枷足枷として機能させてしまう若者が決して少なくない。

二　教師らしい自分と自分らしい教師と

学年主任をしていた年のことである。初めて担任をもった女性教師。少しメンタルに弱さをもっている子だった。

六月のある夜、その日に小さなミスを犯したようで、落ち込んで僕にメールを送ってきた。やりとりをしているうちにこんな言葉が送られてきた。

「いつになったら教師らしくなれるんでしょう……。」

僕はすぐに返信した。

「そんな馬鹿なことを考えるんじゃない。教師らしいおまえなんて目指すんじゃない。目指すべきはおまえらしい教師なんだ。おまえが教師に近づくんじゃなくて、教師という仕事をおまえの方に引っ張ってくるんだ。そうじゃないとうまくいかない。いつまでも落ち込むことになる。負のサイクルから逃れられなくなる。」

この言葉は彼女に響いたようで、その後、僕が学年主任として彼女を指導し支援していくうえで重要なキーワードとなっていった。

自分の外に「理想の教師像」があると感じて、若者はそれに近づこうとする。他人が優秀に見えてしまう。できない自分ばかりと向き合うことになる。できない自分ばかり見つめていると、だんだん自分が嫌いになっていく。周りに対しても申し訳ないという気持ちばかりを抱くようになる。負のサイクルにはまりこんでいく。

もちろん、その心持ちもわからないではない。しかし、人はそれぞれ違う。A先生が「目指すべき姿」とB先生が「目指すべき姿」は決して同じではない。同じであるわけがない。

自分のできないことではなく、自分にできることを中心に考えてみることだ。そしてそれを伸ばすことを考えてみることだ。できることについて、職場では自分が中心となって貢献してみるといい。できることについて、他人のフォローまでしてみるといい。そうしたら周りの人たちも、自分のできないことを助けてくれるようになる。快く教えてくれるようになる。他人に助けられたり教えられたりしていくうちに、できないことを少しずつ覚えていく。不得意なことは少しずつ覚え、得意なことは大いに磨きをかける、それが「教師らしい自分」ではなく、「自分らしい教師」になっていくための正しい道である。

その女性教師はその年、少しずつ自信をつけていった。大成長を遂げた。緊張感にこわばった四月が嘘のように、笑顔の絶えない教師になっていった。二学期の半ば過ぎくらいだったと記憶しているが、ある夜、僕は彼女からメールをもらった。

「ちゃんと見ていてくれている安心感があるんでしょうね。気持ちが一学期とは違うのが自分でもわかるんです。」

僕は次のように返信した。

「いろいろなことに『自分でやってみよう』を原則にして意識的に取り組んでみるといい。失敗したらごめんなさいすればいいだけだ。もっと失敗してもオレに叱られるだけだ。もっと大きな失敗ならオレもいっしょに頭を下げてやる。その程度の話だ。」

人を育てるときには自分の思い通りに動かそうとするのではなく、「そのままでいいんだよ」「自分らしくしていいんだよ」と安心感を与えて笑顔にしてあげることを第一義としたい。

三　結果を予測して動く人と前を向いて動く人と

僕の可愛がっている若者が相談とも愚痴ともつかない言葉をこぼしたことがある。

「なんか自分が嘘言っている気がして……。うちの学級、明らかに運動能力低いじゃないですか。

それを頑張って優勝しようとか言ってる自分がどうもにも虚しくて……。」

学級担任は行事のたびに子どもたちをその気にさせなければならない。しかし、実際には合唱に向かない学級もあれば、運動に向かない学級もあるものだ。教師から見れば、やらなくても結果は見えている。そういう面はどうしてもあるものだ。その若者もそこにはまりこんでしまっているのだろう。自分にも経験があるのでよくわかる。

「例えばさあ、仕事上でうまくいかないことってあるよね。みんなで一生懸命に取り組んだのに、どうも結果が出ない。そんなときのことさ。でも、そんなときでも、職員室で、学年教師陣で力を合わせたら、なにかそれを打開できる手立てってあるような気がしてるよね？　人間ってそう信じないとやっていけないものなんじゃないかなあ……。」

若者はうなずきながら聴いていた。

「でさ、逆境に陥っても、みんなで力を合わせりゃなんとかなるかも……って信じられるのはどうしてだと思う？　なにがそう信じさせてると思う？　その信じる力はどこで培われた？　オレはそれを学校で学んだんだと思うんだよね。そしてそれが学校教育の一番の意義なんじゃないかと思うんだ。」

若者の表情がはじけた。その若者は割と理解力のある教師だった。

「逆境に身を置かざるを得なかったとき、そこで諦める人と諦めない人との違いって、そこで前を向けるか否かってとこにあるんじゃないかな。逆境において前を向ける人は、どこか世の中を信じ、どこか人を信じているところがある人、そんな印象がないかい？　だれだって前を向きたい。でも、前を向くには前を向くための基礎体力みたいなものが必要なんだ。その有無を決める大きな要素の一つに学校でどう過ごしたかがあるような気がするんだよね。」

自分のかつての学校生活と、いま教師として子どもたちに向き合い、子どもたちに送らせている学校生活と、両者をリンクさせて考えられる若者は少ない。そんな若者たちに僕はいつもこの言葉を投げかけることにしている。

学力を上げてあげられない。行事で結果を残してあげられない。自分の力不足で結果が出なくて子どもたちに申し訳ない。若い学級担任はいつもそんなふうに悩み、迷い、戸惑う。

「でもね、みんなで取り組んだ、それが楽しかった、有意義だったっていう経験さえ与えられたら、教師の仕事ってのは、きっと八割方成功してるんだよ。」

僕の経験から、割と若者たちに力を与えられる言葉であるように感じている。

四　今日の思想と明日の思想と明後日の思想と

学級も授業もうまくいかない。子どもたちとの関係もうまくいかない。保護者からのクレームも日常茶飯だ。どこかで歯車が狂ってしまった。

去年まではそれなりにうまくやってきたのに……。それなりに自信ももっていたのに……。そんなプライドがよけいに自分を落ち込ませる。

教師を続けていれば、だれもが経験することである。

「毎日、いまできることを一つ一つ積み重ねて行くことだな。それ以外にできることはないんだ。絶対にやってはいけないのは諦めてしまうことだ。もしかしたら確かに今年度はこんな状態が三月まで続くのかもしれない。いま以上に苦しむこともあるのかもしれない。でもな、きっと五年後のおまえはこう考えてるよ。『ああ、子どもたちとうまくいかなかったあの一年がいまの自分をつくっているなあ……』『ああ、あの保護者からの執拗なクレームが僕を育ててくれたんだなあ……』『ああ、あの一年で、学級経営にも授業運営にも手を抜いちゃいけないんだってことを学んだんだなあ……』『ああ、あれは結局、自分にとって必要な経験だったんだなあ……』ってな。そういう五年後を見ながら、もう少し頑張ってみようや。」

これまでだって、いくつも「人生の危機」を乗り越えてきたはずなのである。ママに叱られたとき、あの娘に振られたとき、大学や教採に落ちたとき、祖父母が亡くなったとき、確かに世界は絶望的に見えた。でも、すべてをちゃんと乗り越えてきたのだ。いま起きている出来事も絶望的だなんて思わず、五年後の自分が振り返るときの良い経験にしようではないか。そう考えて、もう少し頑張ってみないか……。

逆境に置かれたとき、人は「いま」に縛られる。いまこの瞬間のことしか考えられなくなる。そして、いまこの瞬間に絶望する。明日のことなど考えられなくなる。もう未来がないように思えてしまう。でも、逆境に置かれたときこそ、少し遠くに目を馳せてみるべきなのだ。五年後くらいを想像し、想定してみるべきなのだ。いまこの瞬間を相対化してみるべきなのだ。僕はこうした考え方を「明後日《あさって》の思想」と読んでいる。今日でも、明日でもなく、明後日に目を向けてみるのだ。

それでもダメだ、絶望的だというのであれば、逃げればいいのだ。こだわりを捨てて流されてみればいいのだ。恥も外聞も捨てて逃げてみる、そういうことだって、長い目で見れば経験なのである。だれだって究極的には他人よりも自分が大事なのである。精神を病んでまで、死にたいと思ってまで、他人に迷惑をかけないことを優先する必要はない。

精神を病みそうならば休めばいい。死にたいなんて考えるようになったら退職したほうがいい。そんな無責任なことはできないとか、同僚に迷惑をかけたくないとか、子どもたちに申し訳ないとか、親に顔向けできないとか、そんなことはどうでもいいことだ。確かに、教職は尊い仕事だし、この安定した職業に就いたことを両親は喜んでくれたかもしれない。しかし、命を賭けるほどの仕事ではない。命だけは賭けてはいけない。教職は確かに尊い仕事だが、精神を病んだり、命を賭けてまでしがみつくべき仕事ではない。

第四章でも述べたが、僕は同僚を何人か、自殺で失っている。友人も失っている。人は自ら死を選ぶことがあるということを、五十年近い人生のなかで何度も経験させられた。その悲しみも味わわされた。遺された家族の姿も何度も見てきた。あの姿はあってはいけないものだと思う。たかが仕事ごときで死んではいけない。どこかにそういう気持ちをもって生きることは、やはり必要なのだと思う。

若者に失敗を乗り切らせるために僕がかけた言葉を四つ紹介してきた。どれも、教師人生を前向きに捉えられるようにと発した言葉だ。その他の事例については、拙著『若手育成10の鉄則・100の言葉がけ』（小学館、二〇一六年二月）をご参照いただきたい。

（堀　裕嗣）

あとがき

みなさん、こんばんは。堀裕嗣です。

またまた多賀一郎先生とヤクザな本を書いてしまいました。前著『国語科授業づくりの深層』が意外にも好評を得、調子に乗ったおじさん二人がもう一冊つくってしまった……というのがほんとうのところです。

学級づくりは授業づくりと違って、その教師の経験値がストレートに出ると感じています。熱心な教師は授業づくりの本も学級づくりの本も読むわけですが、授業づくりが割と先行実践を追試しやすいのに対して、学級づくりはどんなに経験の浅い教師でも情報を取捨選択して採り入れるように思います。先行実践を追試するにしても、授業づくりよりは修正追試や構想追試が多くなるようにも感じています。おそらくそれは、どんなに経験が浅かったとしても、自分の学級づくりのイメージ、方向性のようなものを、だれもが抱いているからなのだろうと推測します。

では、そのイメージ、方向性はいったいどこで生まれたのか。それはおそらく、例えば新卒教師なら、自分が学校に通い始めて、いい先生、いまいちな先生とたくさん出会って、いつしか自分自身が教職について、自分の出会ったいい先生をモデルにして、いまいちな先生を反面教師にしながら形成されてきたに違いありません。経験のある先生ならそれらを基盤にしながら（そう。どんなに経験値の高い先生であっても、自分が学生だった頃の記憶は無意識的に基盤として機能してしまうのです)、自分の学級づくりの成功例・失敗例を糧にして築いてきたものなのです。しかも、その経験において、いかに広く、いかに深く考えたかが成長を形づくります。

第一章の対談は、このことを熟知している二人が、お互いの腹を探りながら、「こいつどこまで考えてんだ……」という本音をひた隠しにしつつ、お互いがお互いを触媒にして化学変化を起こしていく、振り返るとそんな対談だったように思います。読者の皆さんもこの観点でもう一度、第一章をお読みいただけるとまた違った趣が現れるかもしれません(笑)。

もう一つ、どうしても読者の皆さんにお伝えしておきたいことがあります。実は、この本は黎明書房から依頼を受けてつくった本ではないのだということです。これは前著『国語科授業づくりの深層』もそうでした。とにかく二人でつくってみよう、完成したら刊行してくれる出版社を探そう、出版社が見つからなくても僕らが楽しめれば良いじゃないか、一冊つくってみればたとえ形にならなかったとしても僕らのなかに大きなものが残るよ、二冊ともそういうスタンスでつくったものなのです。ですから、この二冊の内容に関する責任の一切はすべて堀と多賀の二人(どちらかというと多賀の責任が大きい・笑)にあります。

一般に、本をつくるという作業は、著者と編集者がいろいろと相談をしながら二人三脚で行うものです。読者の多くが誤解していますが、決して著者だけでつくっているわけではないのです。著者がどうしても譲れないと押し切ったところ、編集者がどうしても修正してくれと編集方針を曲げなかったところ、両者がこれはおもしろいと共同で自画自賛したところ、両者がこのへんが落としどころだねと妥協したところ、ほんとうはもう少し書きたかったんだけど刺激が強すぎるからと自主規制したところ、一般的に、本というのはそうしたいろいろなパーツでき上がっているものなのです。

しかし、この本は違います。二人でほんとうに自由につくっているのです。多賀・堀が一致して自主規制したところくらいは確かに若干ありますが、それもほんとうに若干に過ぎません。いろいろな意味で、多賀一郎という教師と堀裕嗣という教師の「人間」が、そして日常の「仕事振り」が出ている本と言って間違いはありません。

むしろ、偉大なのはこのワガママな本を刊行してくれるという黎明書房の判断です。武馬久仁裕社長の偉大さと言いましょうか、柔軟さと言いましょうかがそこにはあります。しかも彼は、たったの一行も、一言一句も修正しろと言わないのです。これまたすごいなあ……と思います。僕が社長の立場ならば、少し直させたいなと思うところがいっぱいあります（笑）。改めて武馬社長に感謝申し上げる次第です。また、編集に際しましては、黎明書房の都築康予さんに大きくお力添えいただきました。この場を借りて深く感謝申し上げます。ありがとうございました。

AT THIS MOMENT／BILLY VERA & THE BEATERS を聴きながら……

二〇一五年九月八日　自宅書斎にて　堀　裕嗣

著者紹介

多賀一郎

追手門学院小学校講師。神戸大学附属小学校を経て私学に永年在籍。元日本私立小学校連合会国語部全国委員長。親塾での保護者教育，若手のためのセミナー他，公立私立の小学校で指導助言をしている。

主な著書に『全員を聞く子どもにする教室の作り方』『一冊の本が学級を変える』『今どきの１年生まるごと引き受けます』『国語科授業づくりの深層』（以上，黎明書房）『これであなたもマイスター！　国語発問づくり10のルール』『学級担任のための「伝わる」話し方』『ヒドゥンカリキュラム入門』『学級を育てる作文教育』（以上，明治図書）がある。その他，執筆多数。

堀　裕嗣

1966年北海道生。1991年札幌市中学校教員として採用。1991年，「実践研究水輪」入会。1992年，「研究集団ことのは」設立。現在，「研究集団ことのは」代表，「教師力BRUSH-UPセミナー」顧問，「実践研究水輪」研究担当を務める傍ら，日本文学協会，全国大学国語教育学会，日本言語技術教育学会にも所属。

主な著書に『スクールカーストの正体』（小学館新書）『全員参加を保障する授業技術』『必ず成功する「学級開き」魔法の90日間システム』『エピソードで語る教師の極意』（以上，明治図書）『学級経営10の原理・100の原則』『生徒指導10の原理・100の原則』（以上，学事出版）『反語的教師論』『国語科授業づくりの深層』（以上，黎明書房）がある。その他，執筆多数。

学級《がっきゅう》づくりの深層《しんそう》

2015年11月20日　初版発行　著　者　多《た》賀《が》　一《いち》郎《ろう》
2015年12月25日　２刷発行　　　　　堀《ほり》　裕《ひろ》嗣《つぐ》
発行者　武馬久仁裕
印　刷　株式会社　太洋社
製　本　株式会社　太洋社

発　行　所　株式会社　黎《れい》明《めい》書《しょ》房《ぼう》
〒460-0002　名古屋市中区丸の内3-6-27　EBSビル　☎052-962-3045
FAX 052-951-9065　振替・00880-1-59001
〒101-0047　東京連絡所・千代田区内神田1-4-9　松苗ビル４階
☎03-3268-3470

落丁本・乱丁本はお取替します。　ISBN978-4-654-01924-3